제정신으로 읽는 예수

제정신으로 읽는 예수

초판 1쇄 발행 • 2016년 11월 15일

지은이 • 김경윤
펴낸이 • 황규관

펴낸곳 • 도서출판 삶창
출판등록 • 2010년 11월 30일 제2010-000168호
주소 • 04149 서울시 마포구 대흥로 84-6, 302호
전화 • 02-848-3097
팩스 • 02-848-3094
홈페이지 • www. samchang. or. kr

종이 • 대현지류
인쇄제책 • 스크린그래픽

ⓒ 김경윤, 2016
ISBN 978-89-6655-068-5 03230

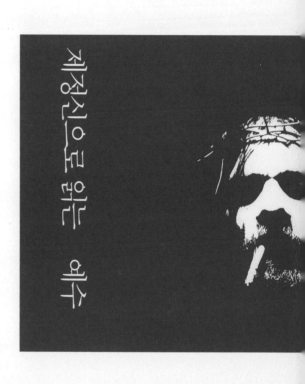

김경윤 지음

제정신으로 읽는 예수

삶창

내 눈으로 성서를 읽게 해준 마형락 목사님,
교회를 다시 다닐 수 있게 해준 변경수 목사님,
자유롭게 생각하게 해준 홍정수 목사님,
공동체의 아름다움을 느끼게 해준 김경환 목사님,
나의 길벗 동녘인들
그리고 교회를 떠나간 '가나안 교인'들에게
이 책을 바칩니다.

1

『삶이 보이는 창』이 창간된 1998년부터 2016년까지 연재를 멈추지 않았습니다. 18년 넘게 연재한 셈이네요. 제 인생의 기록이라면 기록이 아닐까 싶습니다. 그 연재의 마지막을 장식한 글이 '제정신으로 읽는 예수'입니다. 열두 차례에 걸쳐서 연재한 것은 예수의 열두 제자를 염두에 둔 것입니다. '예수'라는 화두는 언젠가는 한 번 넘어야 할 산과 같은 것이었습니다. 생에 한 번쯤은 꼭 써보고 싶은 글을 50이 넘어서야 쓰게 되었네요. 개인적으로는 매우 의미가 깊은 작업이었습니다. 그리고 『삶이 보이는 창』에 연재한 글을 삶창에서 출간하게 된 것 역시 처음이라 감회가 깊습니다.

2

20대에 교회를 떠난 '가나안 교인'으로 살다가, 40대에 다시 교회를 다니기 시작했습니다. 평소에 나를 아는 사람들은 의아해합니다. 평소에 하는 말이나 행동은 전혀 교회에 다니는 사람처럼 보이지 않기 때문입니다. 내가 교회를 선택한 것인지, 교회가 나를 선택한 것인지 알 수 없으나 이유가 없지는 않습니다. 교회의 이념이 '제정신을 가지고 신앙하자'였습니다. 감리교단에서 파문당한 홍정수 목사님이 세운 이 교회는, 신앙을 위해 이성을 포기하거나, 천국을 위해 현실을 외면하는 교회가 아닌, 이성적으로 사유하며 현실 속에서 천국을 이루려는 작은 교회입니다. 고양시 행신동에 있는 동녘교회가 어느덧 30년을 맞이합니다. 30주년에 맞춰 이 책이 나와서 나로서는 영광입니다.

3

요즘처럼 제정신으로 살아가기 힘든 세상도 없습니다. 국민적 재난에 책임을 져야 할 정부는 국민에게 책임을 전가하고, 정작 개혁되어야 할 재벌은 노동개혁을 외치고 있습니다. 한 농민을 물대포로 쏘아 죽게 한 경찰이 오히려 영장을 신청하는 말도 안 되는 사태가 백주대낮에 버젓이 벌어지고 있습니다. 21세기를 맞이해야 할 나라가 조선왕조로 퇴행하고 있습니다.

기독교계는 사정이 더 나쁩니다. 가난한 자, 갇힌 자, 소외된 자와 함께하는 예수 정신은 점점 사라지고, 교회의 성장과 교인의 성공을 염원하고, 외형적 화려함과 형식적 새련됨만 추구하는 모습은 예수 당시 예루살렘 성전과 다를 바 없습니다. 자본주의적 이념에 맞서야 할 기독교가 자본주의의 첨병 노릇을 하고 있습니다. 실로 제정신이 아닙니다.

4

책의 제목을 '제정신으로 읽는 예수'라 정했습니다. 그저 믿는 것이 아니라, 정신을 똑바로 차리고 의심하고, 질문하고, 성찰하는 과정을 통해 예수를 만나고 싶었습니다. 이성적 사유를 통해서도 얼마든지 매력적인 예수를 경험할 수 있습니다. 인문학적 관점으로 예수를 만나는 즐거움이 있습니다. 교회에 갇힌 예수가 아니라, 교회 벽을 부수고 뚜벅뚜벅 걸어가는 예수를 만날 수 있습니다.

이 책에 소개된 예수가 교회를 다니는 사람에게는 도전이, 교회를 떠난 사람에게는 위로가, 예수를 모르는 사람들에게는 기회가, 불교인에게는 도반이, 무신론자들에게는 대화 상대자가 되길 바랍니다. 특히 젊은 사람들이 많이 읽기를 기대합니다. 선입견이나 편견 없이 예수를 만날 수 있을 것입니다. 짧지 않은 인생을 걸고 말하지만, 예수만큼 매력적인 인물을 만나기가 그리 쉽지는 않습니다. 자, 여러분에게 내 친구 예수를 소개합니다.

2016년 가을 일산에서

김경윤

차

례

제정신으로 읽는 예수

저자의 말   6

1   화면 조정 : 예수의 시대   13

2   관점 변화 : 예수 내 친구   25

3   부활, 새로운 가치의 선택   37

4   어린이와 하느님 나라   48

5   예수와 섹슈얼리티(1)   58

6   예수와 섹슈얼리티(2)   73

7   농부 예수   88

8   개그맨 예수   104

9   예수 경제학   120

10   예수 공동체의 조직론   137
      —예수의 제자들

11   예수의 윤리학   154

12   예수 이후   170
      —쓰레기처럼, 찌꺼기처럼

화면 조정 : 예수의 시대

1

제가 지금부터 쓰려는 것은 종교적인 예수 이야기가 아닙니다. 예수를 종교적 구원자(메시아)로 다루는 이야기는 이미 넘쳐납니다. 너무 많아서 신물이 날 정도죠. 거기에 다른 이야기 하나 보태는 일은 애당초 할 생각도 없습니다. 그런데 왜 하필 예수일까요? 제 생애에 가장 큰 강도로 충격을 주고 파장을 불러일으킨 인물이 예수였기 때문입니다. 예수가 아니었다면, 제 삶은 지금과는 퍽 달랐을 겁니다. 예수는 생의 징검다리였고 걸림돌이었습니다. 그와 대결하지 않고서는 한 발짝도 나갈 수 없다고 생각했던 시절이 있었습니다. 지금부터 쓰는 이야기는 저와 예수가 대결하며―그로 인해 그와 대화하며― 들었던 생각들입니다.

이 글에서 저는, 넘쳐나는 예수에 대한 종교적/신화적 판타지를 제거하고 읽도록 하겠습니다. 제 예수 이야기에는 처녀 탄생이나 기적, 부활 이야기는 없을 것입니다. 따라서 예수를 믿어야만 구원을 받고 천국에 간다는 오래된 관념이 차지할 자리는 없습니다. 기원전 4년쯤 태어나 30여 년을 살다가 로마제국이 이스라엘로 파견한 빌라도라는 총독에 의해서 십자가형이라는 극형에 처해진 한 젊은 청년의 이야기를 쓸 것입니다. 식민지의 백성으로 태어나 가난한 사람들과 축제를 벌이며 즐거운 삶을 기획했던 기이한 청년, 죽음이 그를 기다리고 있다는 것을 알았지만 회피하지 않고 그 길로 춤추며 걸어간 청년, 폭력적이고 보복적인 하느님이 아니라 사랑이 넘치는 하느님을 믿으며, 그러한 하느님과 함께 사는 것처럼 살아가자고 이야기했던 한 청년 이야기를 쓸 것입니다.

2

그러기 위해서는 몇 가지 화면 조정을 해야겠습니다. 예수를 만나기 위한 배경지식이라고 해두지요.

첫 번째가 이스라엘의 역사입니다. 이스라엘 백성(유대인)들이 그리워하는 이스라엘의 전성기는 기원전 1000년 전 즈음인 다윗왕조 시기입니다. 왜 그들은 기원전 1000년의 전성기를 그리워할까요? 비밀은 이스라엘 역사의 대부분이 남들의 침략을 받고, 노예로 끌려가고, 억눌려 살았던 어둠의 역사에 있습니다. 다윗 전성기를 지나 이스라엘은 북이스라엘과 남유다로 분열됩니다. 이후 기원전 723년에 북이스라엘은 앗수르에 의해 무너지고, 기원전 587년에 남유다는 바빌로니아에게 무너집니다. 기원전 539년에는 제국 페르시아가 인근 지역을 제패하는데 그들의 도움으로 이스라엘 민족은 자신의 나라로 돌아올 수 있었습니다. 북이스라엘로 치면 180년 만에, 남유다는 50년 만의 귀환이었습니다. 귀환은 150년간 순차적으로 이루어졌고, 기원전 400년에 이스라엘 땅에 정착이 완성되었습니다. 그로부터 70여 년이 지나자 이번에는 마케도니아의 알렉산더 대왕이 다시 이스라엘을 정복했습니다. 알렉산더는 그리스식 문화정책을 펼쳤고, 이스라엘은 고유의 언어인 히브리어를 잃어버리고 아람어가 일상 언어가 되었습니다. 예수가 썼던 언어는 히브리어가 아니라 바로 아람어였습니다.

다시 기원전 198년에 알렉산더가 죽자 분열된 시리아의 셀레우코스 왕조의 안티오코스3세에 의해 팔레스타인이 점령당하게 되고, 이들 세력에 저항하여 마카비 형제를 중심으로 이스라엘 독립 전쟁을 치러 성공합니다. (기원전 164년) 이후로 100년간이 이스라엘의 마지막 독립 기간이었습니다. 기원전 63년 다시 로마제국에 의해 팔레스타인 지역이 정복당하기 때문입니다. 그 후 로마제국에 의해 서기 70년에 예루살렘 성이 파괴되고 이스라엘이 멸망합니다. 서기 74년 마지막 항쟁 세력이 마사다 요새에서 전멸당하는 걸 기점으로 이스라엘은 제2차 세계대전이 끝나기 전까지 역사에서 영원히 사라지게 됩니다.[1] 나라를 잃은 채 흐른 600여 년, 고유의 언어를 잃고 300여 년이 지난 이스라엘 민족을 상상해보시길 바랍니다.

3

우리의 시선을 예수의 시대로 좁혀보도록 하겠습니다. 예수는 이미 로마에 의해 이스라엘이 점령당한 지 60년이나 지난 시기에 태

---

1 김용옥, 『요한복음강해』, 통나무, 2007. 37~47쪽 참조.

어났습니다. 60년이 지났지만 이스라엘의 독립에 대한 열망은 사라지지 않았습니다. 수많은 무장항쟁이 일어났고, 로마제국은 그들을 무자비하게 진압하고, 주동자를 색출하여 십자가에 매달았습니다.

십자가형은 인류가 만들어놓은 형벌 중에서 로마제국에 대항하는 세력에게 가해지는 가장 비인간적이고 잔인한 형벌이었습니다. 대부분의 사형은 자비의 원칙에 따라 행해졌습니다. 즉, 가장 짧은 시기에 가장 적은 고통으로 죽이는 것이 사형의 원칙입니다. 교수형이나 총살형의 경우가 그러합니다. 그에 비해 십자가형은 그 자비의 원칙과 가장 동떨어진 잔인한 방식입니다. 이미 가죽 채찍을 맞아 반죽음이 된 사형수를 다시 십자가에 매달아 온몸에 피가 다 쏟아져 나올 때까지 죽음을 지연시키는 형벌입니다. 십자가에 매달려 있는 사형수의 옆구리에 창을 찌르는 행위는 차라리 자비의 원칙에 가까운 것이었습니다. 피가 금세 쏟아져 내리기 때문입니다. 십자가에 매달려 적어도 몇 시간, 길게는 며칠 동안 사형수는 죽지 않고 고통에 차서 괴로워해야 했습니다. 그렇게 해서 죽은 시체는 절대로 매장을 허락하지 않았습니다. 그냥 구덩이에 던져진 채로 들개가 뜯어먹게 하고, 까마귀가 쪼아먹게 했습니다. 그렇게 사체는 처리되었던 겁니다.[2] 예수가 태어났을 때에도, 예수가 성장

---

2 존 도미닉 크로산, 『예수 : 사회적 혁명가의 전기』, 김기철 옮김, 한국기독교연구소, 2001. 188쪽 참조.

해서도 십자가형은 끊임없이 시행되었습니다. 언덕에 즐비한 십자가들을 보며 성장한 한 아이는 무슨 생각을 했을까요? 예수의 어린 시절과 청년 시절은 평화로운 시기가 아니라 피와 폭력이 난무하던 시기였습니다.

4

이러한 시기에 이스라엘 민족은 어떻게 살았을까요? 이해를 돕기 위해 우리가 일제에게 침략당한 기간을 떠올려 보도록 하겠습니다. 일본제국이 조선을 침략하자, 일본제국 세력에 빌붙어 같은 민족을 억압하고 지배하는 데 앞장선 사람들이 있었습니다. 우리는 이들을 친일파라고 부릅니다. 그리고 민족의 역량을 강화하고 실력을 길러 일제에 대항하자는 계몽주의자들도 있었습니다. 물론 일본제국주의에 맞서 항일 무장투쟁을 전개했던 독립운동 세력도 있었지요. 하지만 대부분은 그 어느 편에도 가담하지 못하고 근근이 삶을 이어가는 가난한 민중들이었습니다. 그나마 다행(?)인 것은 조선은 종교 국가가 아니었기 때문에 종교적 억압이나 수탈은 없었다는 점입니다.

그에 비해 이스라엘은 이중의 고통과 수탈을 당해야 했습니다. 로마의 식민지였기에 정치적·경제적 수탈을 당해야 했고, 종교 국가였기에 종교적 계율을 어기면 종교적·사회적 억압을 당해야 했습니다. 로마제국의 권력을 인정하면서 이스라엘에 정치적 권력을 행사했던 헤롯왕이 있었고, 그들의 묵인 하에 예루살렘 성전을 운영하면서 종교권력을 행사했던 제사장 그룹인 사두개파가 있었습니다. 이러한 종교권력의 부정부패를 비판하면서 평신도 중심의 종교개혁을 외치고 광범위하게 영향력을 행사한 바리새파가 있었습니다. 바리새파는 철저한 율법의 준수를 외치며 이방인들과 구별되는 삶을 살라고 말했습니다. 이들 율법학자(랍비)들은 당시 종교운동의 핵심이었고, 이스라엘이 멸망한 후에도 유대인들의 종교생활을 지도하는 핵심 세력이었습니다. 한편, 아예 세속권력으로부터 멀리 떨어져 사막에서 집단생활을 하며, 철저한 금욕과 경건한 삶, 의식과 경전 연구에 몰두했던 에세네파가 있었습니다. 이들의 본거지였던 쿰란에서 나중에 성서 경전의 귀중한 자료들이 발굴되는데, 이를 사람들은 '사해문서'라고 부릅니다.

물론 이스라엘도 조선의 항일 무장 세력과 마찬가지로 무력투쟁을 중심으로 로마제국과 맞서는 다양한 투쟁 세력들이 존재했습니다. 통상 젤롯당(혹은 열심당)이라고 불리는 이들은 무장을 하고 로마에 대항하였습니다. 이들은 주로 산악지대를 본거지로 하여 활동하다가 사회적 혼란기에 도시로 들어와 무장투쟁을 전개하고는 했는데, 그 중에 대표적인 인물이 갈릴리 사람 유다였습니다. 그는 예수가 태어나기 직전인 기원전 6년에 독립전쟁을 하다가 처형당했습니다. 당시 이스라엘 사람은 유다를 새로운 메시아(구원자)로 여기기도 했습니다. 물론 대다수의 이스라엘 민중은 위에 언급된 다양한 세력에 동조하거나 그들의 영향력 아래에서 살았으며, 삶은 비참하기만 했습니다.

이러한 상황에서 태어난 예수는 과연 어느 편에 가담했을까요? 사람의 인생은 그가 처해진 시공간에 영향을 받을 수밖에 없습니다. 또한 그의 부모의 삶도 한 사람의 인생을 좌우할 영향력을 행사하기도 합니다. 우선 예수는 기원전 4년경(추정) 로마제국의 식민지였던 갈릴리에서 태어났습니다. (베들레헴 출생설이 있지만, 이는 다윗왕의 후손임을 강조하기 위해 후대에 마태에 의해 첨가된 이야기일 것입니다.) 갈릴리는 이스라엘의 중심지인 예루살렘에서 북쪽으로 한참을 올라가야 있는 어촌입니다. 그렇다고 해서 갈릴리를 아주 깡촌으로 생각할 필요는 없습니다.

갈릴리에서 얼마 떨어지지 않은 곳에 헬라식으로 새롭게 세워진 세포리스라는 신도시도 있어서 헬레니즘 문화의 세례를 적잖이 받을 수 있었습니다. (후에 세포리스는 로마에 저항하는 세력에 의해 장악되었으나 로마는 이에 도시 파괴라는 초강수로 대응했습니다.) 갈릴리 또한 로마제국의 폭압과 예수살렘 성전 권력에 대해 고운 시선을 가진 지역은 아니었습니다. (위에서 언급한 갈릴리 사람 유다의 사례를 살펴보십시오.)

갈릴리에서 성장한 예수는 아버지 요셉이 목수였기에 자연스럽게 목수를 직업으로 가질 수 있었습니다. 요즘 말로 하면 건축노동자였지요. 그러니까 저항의 기운이 넘치는 곳에서 목수의 아들로 태어나 가난한 삶을 살았던 것입니다. 예수의 성장기라 생각하면 될 것입니다. 예수의 엄마인 마리아 역시 얌전하게 살림만 하는 여인은 아니었는데, 그가 예수를 임신하고 불렀다는 노래는 어머니 마리아의 정치적(?) 성향을 엿볼 수 있는 중요한 단서가 됩니다.

주님은 전능하신 팔을 펼치시어 마음이 교만한 자들을 흩으셨습니다. 권세 있는 자들을 그 자리에서 내치시고 보잘 것 없는 이들을 높이셨으며 배고픈 사람은 좋은 것으로 배불리시고 부요한 사람은 빈손으로 돌려 보내셨습니다. 주님은 약속하신 자비를 기억하시어 당신의 종 이스라엘을 도우셨습니다. 우리 조상들에게 약속하신 대로 그 자비를 아브라함과 그 후손에게 영원토록 베푸실 것입니다.

_____누가복음 1 : 51~55

이른바 마니피캇(Mangificat, 라틴어로 '찬양하다'라는 뜻)으로 알려진 이 노래는 무장투쟁을 했던 열심당의 혁명가거나 혁명가의 후렴구가 성서에 삽입된 것으로 추정됩니다.[3] 마리아가 열심당에 직접 가담했을 가능성은 없지만, 분명 마리아의 성장기에 대한 상상력을 자극하게 합니다. 마리아는 남편이 죽고도 여러 명의 자식을 건사할 정도로 강건한 여자였습니다.

기독교에서 주장하는 마리아의 처녀 잉태설은 히브리어 '알마(almah)'에 대한 그리스어 역본의 '파르테노스(parthenos)'에 대한 오역에서 비롯되었는데, '알마'는 방금 결혼했으나 아직은 첫 아이를

---

3 테리 이글턴 엮음, 『예수 : 가스펠』, 김율희 옮김, 프레시안북, 2009. 「서문」 29쪽 참조.

임신하지 않은 처녀라는 의미를 갖습니다. 그러니까 누구든지 결혼을 하고 첫 아이를 임신하지 않으면 '알마'인 것입니다. 하지만 만약에 결혼을 하기도 전에 정혼자가 아닌 다른 남자의 아이를 가졌다면 이스라엘의 율법에 의해 스토닝(stoning, 돌로 맞아 죽은 형벌)을 받아야 할 정도로 위험한 처지에 놓이게 됩니다. 그리고 마리아에게서 태어난 예수는 사생아가 되는 겁니다. 그렇다면 신약성서에 등장하는 신적인 출생은 예수가 사생아임을 감추기 위한 허구적 장치가 되는 것이지요.[4] 신에 의해 태어난 자식! 극적이긴 하지만 현실성은 제로에 가깝다고 할 수 있습니다.

예수의 아버지(혹은 양아버지) 요셉이 언제 죽었는지는 정확히 모르지만 예수가 성인이 되었을 때는 이미 아버지의 이야기는 더 이상 나오지 않는 것으로 보아, 일찍부터 예수는 동생들과 더불어 가계를 책임져야하는 처지였을 겁니다. 그는 평소에는 농사를 짓고, 양떼를 돌보면서 지내다가, 건축 사업이 일어나면 건축일을 했을 겁니다. 그러던 그가 29세 즈음에 가족을 돌보는 일상사를 팽개치고 출가하여 식민지 이스라엘에서 가장 독특한 활동으로 자신의 세력을 모아 활동하게 됩니다.

4 존 도미닉 크로산, 『예수 : 사회적 혁명가의 전기』, 김기철 옮김, 한국기독교연구소, 2001.
  47~49쪽 참조.

6

도대체 예수에게는 무슨 일이 일어났던 걸까요? 그리고 예수를 중심으로 펼쳐졌던 운동은 다른 운동과 무엇이 다를까요? 그리고 예수는 무엇 때문에 사형을 당했으며, 예수가 죽고 나서 과연 무슨 일이 벌어졌고, 오늘날 기독교의 정체는 과연 무엇인 걸까요?

이것은 예수에게 관심이 없는 사람들에게는 하나도 중요하지 않은 하찮은 질문이지만, 예수에 관심을 갖고 있는 사람들은 반드시 짚고 넘어가야할 거대한 질문이라 할 수 있습니다. 그리고 그 질문에 답하는 자리가 바로 지금 여기에 살고 있는 나로부터라는 점에서 이 질문은 가장 실존적인 실문에 해당됩니다.

예수를 따르던 무리들은 예수를 "그리스도요, 살아계신 하느님의 아들"이라고 고백합니다. 그리고 이 말의 당대성은 고려하지 않은 채 오늘날에도 그대로 고백되고 있습니다. 그러나 이 말이 쓰였을 때만 하더라도 이 말은 국가반역죄에 해당하는 엄청난 고백이었습니다. 왜냐하면 이 말이 최초로 고백되었던 로마제국 지배 사회에서는 그리스도[Christ]요 하느님의 아들이라 칭함을 받는 사람은 로마 황제밖에는 없었기 때문입니다. 그러니까 초기 기독교인의 이 고백은 당대의 지배 권력을 부정하고 새로운 권력을 추대하는 엄연한 국가반역적 행위를 공공연하게 선포한 것이 됩니다. 그래서 그 고백의 결과가 사형이었던 것입니다. 당대의 그 고백은 가장 혁명적 언사였으며, 목숨을 걸고 내걸었던 슬로건인 것이지요.

7

시절이 뒤숭숭하니 요즘은 대통령을 '씨'라고만 호칭을 해도 지배층에서 화를 내고, 대통령의 부정비리를 폭로하는 것만으로도 탄압의 대상이 되며, 사퇴하라는 말에 '종북'으로 몰리는 세상이 되었습니다. 그런 마당에 당신들의 권력은 권력이 아니며, 당신은 대통령이 아니며, 진정한 대통령은 다른 분이라고 말한다면 어떠한 일이 벌어질까요? ('다른 분'이라는 말에 특정인을 상상하며 즐거워하거나 화내지 말기를 바랍니다.) 상상이 충분히 됩니다. 예수는 바로 그 일을 했던 사람이며, 적어도 최초로 예수를 따랐던 무리들은 그러한 사람들이었습니다. 제가 앞으로 쓰고자 하는 것들이 바로 그러한 예수를 복원하는 일입니다. 그러한 복원 과정에서 저도, 여러분도 충분히 즐거움을 만끽하길 바랍니다. 적어도 제가 알고 있는 예수는 유머의 천재였으며, 우리가 즐거워하는 것에 기꺼이 박수를 보낼 수 있을 만큼 열린 사람이니까요.

관점 변화 : 예수 내 친구(Jesus Amigo)

예수께서 그들에게 물으셨다.
"그러면 너희는 나를 누구라고 하느냐?"
___마태복음 16:15

나는 너희를 친구라고 불렀다.
내가 아버지에게서 들은 모든 것을
너희에게 알려 주었기 때문이다.
___요한복음 15:15

1

하이데거는 『언어로의 도상에서』에서 이런 말을 한 적이 있습니다. "언어는 존재의 집이다". 이 그럴듯한 말로 논의를 시작해보도록 하겠습니다. 말인즉, 우리가 사람을 이해하는 기준은 그의 말과 행동을 통해서라는 겁니다. 말과 행동은 별도가 아닙니다. 행동은 말에 근거해서 이루어집니다. 그리고 인간은 언어를 통해서 세상을 보는 존재입니다. 다른 말로 하면, 그가 기반하고 있는 언어세계가 그의 가치관이자 존재 기반이 된다는 뜻이지요. 그렇게 언어는 자신을 드러내는 도구이자 소통의 매개체입니다.

현대인은 현대어를 씁니다. 종교의 언어 또한 현대어로 재표현되어야 합니다. 따라서 기독교의 언어를 역사적으로 고찰하고, 현대적으로 재해석할 필요가 있습니다. 다시 말해 우리 시대의 언어로 재표현할 필요가 있다는 것입니다. 그러기 위해서는 특수한 시대의 특수한 언어에 대한 비판적 성찰이 필요합니다. 예를 들어 임금이나 왕이라는 표현은 왕조시대에 어울리는 말입니다. 얼마 전 북한은 김정은을 절대존엄이라 표현했습니다. 이 표현은 북한이 평등 사회를 추구하는 공산주의 국가가 아니라 세습 권력을 용인하는 왕조국가임을 선포한 것입니다. 그런 점에서 시대착오적입니다. 남한에서도 박근혜를 왕처럼 여기는 사람들이 있는데 대통령에게 던지는 풍자나 비판에 대해 눈을 부릅뜨고 분개하는 사람이 있습니다. 그는 현대에 살고 있는 왕조시대 사람인 겁니다. 코미디죠.

기독교에는 그러한 시대착오적 언어가 없는 걸까요? 왜 없겠습니까. 수두룩하지요. 우선 기독교는 유대교의 전통에서 파생된 종교입니다. 예수 또한 유대적 전통에서 자라나고 사유하고 실천한 유대인이었습니다. 그렇게 시작한 기독교가 로마시대에는 황제가 중심이 되는 언어로 자신을 표현해야 했고, 중세에는 왕과 교황 중심의 언어로 자신을 표현해야 했습니다. 지금도 아무런 반성 없이 사용되는 교회 사투리(!)들은 그러한 시대의 잔여물입니다.

예를 들어 예수를 메시아(=그리스도)로 고백하는 기독교는 고대 언어를 지금도 그대로 답습하고 있는 것입니다. 메시아('기름 부음을 받은 자'라는 뜻)는 유대민족 고유의 종교 언어입니다. 그리고 지금도 유대인들은 메시아를 열망합니다. 유대인에게 메시아상(像)은 고대사회의 다윗과 솔로몬의 투영인데 유대인들의 찬란한 영광을 구현할 세속적 군주가 바로 메시아입니다. 우리의 역사로 치면 광개토대왕쯤 되려나요.

오랜 기간 타국의 식민지 생활을 해야 했던 유대인들에게 '메시아'는 조국의 독립과 영광을 보증하는 세속적이고 강력한 이미지였습니다. 적들을 남김없이 물리치고 조국의 영광을 되찾을 세속적이고 종교적 지도자가 바로 메시아인 것이지요. '그리스도'는 이러한 유대교적 이미지와 같은 의미를 갖는 로마제국 시대의 언어입니다. 로마제국의 그리스도는 지극히 상식적으로 로마 황제를 일

킫는 말이었습니다. 기독교가 초기에 박해를 받을 수밖에 없었던 이유는 바로 이 로마 황제(=그리스도)를 부정하고 자신들이 섬기는 자(예수)가 그리스도라고 공공연하게 선전했기 때문이었습니다. 이것은 당시 체제를 전복하는 불온하기 그지없는 언어였습니다.

만약에 현대에 살고 있는 기독교인이 현 체제를 부정하고 전복하기 위한 언어로 '그리스도'라는 언어를 사용하고 있다면, 기독교인이 있을 자리는 교도소의 한 구석일 것이 분명합니다. 하지만 어느 누구도 예수를 그리스도라 부른다 하여 감옥에 가지는 않습니다. 그런데도 계속해서 이 언어를 사용한다면 그것은 효용성이 사라져버린 언어에 향수를 갖는 것에 불과합니다.

게다가 '그리스도'는 기독교가 로마제국의 공식 종교가 되면서부터 세속적 권력을 용인하는 체제순응적인 언어로 변질되어버렸습니다. 호랑이는 호랑이이되 이빨 빠지고 발톱을 다 잃어버린 호랑이가 되어버린 셈이지요. 과연 '그리스도'라는 언어만 그러한 걸까요? 심지어 기독교의 어떤 언어들은 현대인들의 가치관과는 결코 합의할 수 없는 반동의 언어가 되기도 했습니다.

현대인들은 민주적, 평등적 가치를 최우선으로 여깁니다. 우리들은 결코 왕정사회로 돌아갈 수 없습니다. 한 노예제를 용인하는 고대사회로의 복귀는 꿈에서조차 불가능합니다. 그런데도 교회 안에서는 고대 왕조적 언어들이 고스란히 사용되고 있습니다. 예수를 왕, 군주, 임금, 메시아, 그리스도로 표현하는 것들이 그것입니다. 게다가 자신을 노예 취급한다, '벌레만도 못하다' 같은 표현이 찬송가에는 자연스럽게 나옵니다. '주님'이라는 표현은 고대

사회에 노예가 주인에게 부르는 호칭입니다. 그렇게 기독교인은 현대에 살고 있는 고대인이 되어버린 것입니다. 일요일에는 고대의 노예로 살다가 평일에는 민주시민으로 사는 것은 정신분열 현상입니다. 기독교의 보수화는 이미 언어에서 결판난 것이라 볼 수도 있습니다.

현대에 예수를 읽는다는 것은 신화적, 고대적, 중세적 맥락에서 고백되었던 언어들을 현대의 언어로 다시금 해석해야 함을 의미합니다. 조금 더 나아가 종교적(특수적) 언어를 세속적 언어로 재해석할 필요도 있습니다. 그렇게 반성적으로 다시 읽어가면서 재해석된 예수가 현대인의 삶에 의미가 있다면 수용할 수 있는 가능성이 생기는 것입니다. 아래의 표는 거칠게나마 기독교의 언어를 현대의 언어로 표현할 때 어떻게 바뀔 수 있는지를 비교한 것입니다.

기독교(고대, 중세)		현대(민주주의)	
고대시대	인격적 신	비종교사회	하늘, 자연, 법칙
왕정시대	임금, 군주, 왕	국민주권	인간, 시민
유대교 식민시대	메시아, 그리스도	평등시대	나, 친구
	구원, 대속, 믿음		나눔, 책임, 신뢰
바빌론 포로시대	천국, 부활, 재림	세속시대	현실, 변화, 각성
수직사관, 영웅사관		수평사관(평등사관), 시민사관	

신학자 로버트 펑크(Robert W. Funk)는 『근본적 개혁을 위하여: 21 개의 명제』에서 기존의 예수론에 대해 반성적으로 검토하면서 이렇게 예수를 표현했습니다.

6. 예수를 제자리에 갖다 놓아야 한다. 예수는 더 이상 신이 아니다. 예수를 신격화하는 것은 인격적 신을 떠올리는 구태의연한 유신론에 불과한 것이다.

7. 초기 기독교인들이 말하는 구세주는 고대 신화 속에서 빌어 만든 그들의 바람이다. 예수가 신의 아들로 세상에 와서 권능으로 인간의 죄를 사하고 죽은 자 가운데서 살아나며 하늘로 되돌아갔다는 것. 세상 끝나는 날 산 자와 죽은 자를 심판하러 온다는 것. 다 사실이 아니다. 좀 더 현실적인 '살아있는' 예수에 대한 '이미지'를 찾아야 한다.

8. 예수의 동정녀 탄생은 현대 지성에 대한 모독이며, 더 나아가 여성에 대한 악질적인 무례함이다.

9. 신이, 인간을 구원한다는 자기위안적 갈증을 만족시키기 위해 자신의 아들을 죽이기까지 했다는 소위 속죄론은 이성적이지도 윤리적이지도 않다. 이 흉물스런 논리는 희생양이라는 원시시대의 사생아에 불과하다. 신을 달래기 위해 어린아이나 동물을 바치는 원시시대의 리바이벌이다.

10. 예수의 부활은 시체가 소생했다는 것이 아니다. 혹 그것이 은유적 의미라면 몰라도, 예수는 죽었다가 살아난 것이 아니다. 부활의 의미는 그를 따랐던 이들 중 (아마도 두세 명에 불과했을) 누군가가 예수가 말하던 바를 그제서야 깨달았다는 사실에 있다. 예수의 말과 행적이 개벽을 주었을 때 그들은 어떤 말로도 그 경악스런 기쁨과 소중함을 표현할 수 없었다. 난 살아있는 예수를 보았다, 라는 말밖에는.

11. 최후의 심판을 위해 예수가 재림하리라는 기대는 지금은 아무런 의미가 없는 신화적 세계관의 소산이다. 권선징악에 대한 욕구, 그 이상도 이하도 아니다. 모든 종말론적 요소는 기독교 교리에서 삭제되어야 마땅하다.

정통(?) 기독교인이라면 경악할 만한 이 명제들은 현대인의 관점에서라면 지극히 상식에 가까운 표현이라 할 수 있습니다. 동정녀 탄생도, 신격화도, 그리스도도, 부활도, 최후심판도 없는 예수를 과연 받아들일 수 있을까요? 기존의 기독교인이라면 '십중팔구' 불가능할 것입니다. 그러나 내가 기대하는 것은 '십중일이'입니다. 그리고 그러한 일이(一二)가 현대인에 맞는 예수를 재구성할 수 있을 것입니다.

기독교인(Christian)이라는 말 자체가 '예수를 그리스도로 고백하는 사람'이라는 의미입니다. '예수＝그리스도'라는 이 공식은 기독교의 형성기부터 근대의 종교혁명 시기를 거쳐 현대에 이르기까지 일관되게 유지되어온 기독교의 핵심 교리입니다. 기독교인이라면 다른 것은 다 양보해도 이것만은 결코 양보하지 않을 것입니다. 그런데 그러한 핵심 교리가 현대인이 받아들이기에 가장 반동적인 것이라면 어떻게 되는 걸까요? 아니 더 나아가, 예수는 자신을 그렇게 표현하지 않았다면요?

정확히 말해 '예수 그리스도' 교리는 예수의 자술이 아니라, 예수 제자의 고백에 의거한 것입니다. 사실(fact)이 아니라 고백(confess)이라는 말입니다. 고백은 해석의 영역인데, 어쩌면 성서 전체가 사실이 아니라 고백의 영역이라고 말할 수 있습니다. 현대 신학자 로버트 펑크와 존 도미닉 크로산 등 유수의 신학자들 200여명이 모여 '예수 세미나(The Jesus Seminar)'라는 프로젝트 사업을 한 적이 있습니다. 이 초교파적 세미나 그룹의 목표는 성서에 나와 있는 수의 말과 행동 중 사실에 가까운 것은 얼마나 되는가 하는 것이었습니다. 학문적 철저함과 정직성을 기준으로 합의점을 찾아가는 방법으로 선택한 것이 색깔 투표였습니다. 예수의 말씀/행동이라고 생각되면 빨간색, 그와 유사한 경향을 띠고 있으면 분홍색, 회의적이라면 회색, 절대 아니라고 판단되면 검은색을 선택했습니다. 그 결과는 놀랍고도 솔직한 것이었습니다. 말과 행동의 사실성(빨강), 혹은 사실 근접성(분홍)에 해당하는 비율은 모두 합쳐 20%를 넘지 않았습니다.

이는 무엇을 말하는 걸까요? 우리가 예수의 언어와 행동이라고 생각했던 것은 대부분 사실과 거리가 먼 후대의 생각(고백)과 왜곡에 의한 것이라는 뜻입니다. 경천동지할 노릇 아닙니까? 그러면 이 신학자들은 이러한 투표 결과를 놓고 모두 회의에 빠졌을까요? 아닙니다. 오히려 더욱더 겸손하고 진지하게 성서에 접근할 수 있었습니다. 이러한 노력이 신학자들에게만 한정되는 작업이 아니라 현대를 살아가는 모든 기독교인들에게 요청되는 덕목이 아닐까 싶습니다.

저는 '예수 그리스도'론은 현대에 폐기되거나 적어도 급진적으로 재해석되어야 한다고 생각합니다. '예수 그리스도'론은 현대의 기독교인들에게 마지막 보루이자 걸림돌이기 때문입니다. "여기가 로도스다. 여기에서 뛰어라!", 바로 그 지점입니다.

5

이 글을 쓰는 저의 잠정적인 제안은 이렇습니다. '예수=그리스도' 론을 폐기하고, '예수=친구'로 접근해보자는 것입니다. 이유는 이러합니다. 그리스도론은 기본적으로 초월적이고 외재적인 설정을 통해 문제를 해결하려는 담론입니다. 다시 말하면 그것은 역능적이고 내재적인 개인의 능력을 외면하는 담론이지요.

외부의 개입을 통해서만 문제를 해결하려는 이 무능한 설정은 왕조시대의 영웅사관에는 잘 어울릴지 모르지만, 민주시대의 시민사관에는 어울리지 않습니다. '예수 그리스도'론을 유지하는 한 기독교인이 되면 될수록 무능해진다는 것과 다르지 않습니다. 영국의 신학자 돈 큐핏(Don Cupitt)은 이러한 현대 기독교인에 대하여 이렇게 냉소적으로 진술하고 있습니다.

기독교 세계는 참된 신자는 자기 스스로 얼마나 자신을 혐오하는지조차 알지 못할 정도로 자신을 아주 하찮게 여긴다. 참된 신자는 아무런 존재가 아니다. 그의 최고 행복은 특별한 그분을 영화롭게 하는 데 있다.[5]

참된 신자일수록 자신을 하찮게 여기는 기독교인에게 무엇을 더 바라겠습니까? 대신 그는 새로운 종교적 인간관을 이렇게 제시합니다.

우리는 세상에 잡혀있으면서 죽음에 두려워 떠는 졸렬하고 편협하고 음울하고 탐욕스런 자아에서 해방되기를 추구한다. 우리는 자율적이며 자유롭고 창조적이며 보편적 사랑을 가지고 죄와 사망의 노예에서 벗어나 사심 없는 영이 되고자 한다.[6]

그리스도론이라는 타율적 해방의 담론에서 자율적 해방의 담론으로, 구속과 속박의 종교에서 자유와 창조의 종교로 전환하는 시기가 바로 현대입니다. 현대에 맞는 신학이론을 구성하려는 돈 큐핏의 노력은 충분히 검토해볼 만합니다. 그는 같은 책에서 "종교의 낡은 형태, 즉 철저히 타율적인 외부의 통제체계인 이전의 종교는 역사 속에서 사라져버렸다"고 진단하면서 "자율적인 도덕성과 의식의 시대에, 타율적 종교를 가진다는 것은 겉치레일 뿐이다"라고 말합니다. 그의 진지한 통찰은 이러한 발언을 할 때 그 찬란한 빛을 발합니다.

전통적 그리스도교는
이제 우리의 구약성서이다.

이제 전통적인 그리스도교는 낡은 것이 되어버렸다는 이야기입니다. 우리가 낡은 틀에 갇혀 예수를 사유할 필요는 없을 듯합니다. 그래서 저는 처음에 인용한 요한복음 15장 15절에 기대어 조심스럽게 '예수=친구'론을 제안합니다. '예수=친구'론은 그리스도론이 가지고 있는 타율적이고 외재적인 담론을 대신할 자율적이고 내재적 담론의 형성에 유용합니다. 무엇보다 현대사회에 확산될 수 있는 담론이라고 생각합니다.

5 돈 큐핏, 『떠나보낸 하느님(Taking Leave of God)』, 한국기독교연구소, 2006.
6 같은 책.

'예수=친구'론은 기존의 배타적인 종교로 자리매김해온 기독교의 해악을 제거하는 데에도 도움을 줄 것입니다. '예수=친구'론은 적어도 권위나 배타에 의존하고 있지 않기 때문이지요. 이 '예수=친구'론에 따라 살아가는 현대 종교인을 저는 그리스도인(=기독교인)이라는 말 대신에 '예수인(Jesusian)'이라고 칭하고 싶습니다. 나는 그리스도인이 아닙니다. 하지만 예수인입니다. 예수, 내 친구! 지저스, 아미고(Jesus Amigo)!

나를 위하여 울지 말고

너희와 너희 자녀를 위하여 울라

___누가복음 23:28

이전 것은 지나갔으니

보라 새것이 되었도다

___고린도후서 5:17

글을 쓰는 것이 참으로 고통스러운 때가 있습니다. 사랑하는 사람을 잃거나 절망에 빠졌을 때, 캄캄한 어둠에 가려 한 치 앞도 내다볼 수 없을 때가 그런 때입니다. 이 글을 쓰는 시간은 교회 절기로는 부활절이고, 대한민국에서는 세월호 침몰로 수많은 목숨을 빼앗기고 온 세상이 탄식과 눈물로 지새우고 있는 시간입니다. 지금도 사고 현장 바다 앞에서는 자식을 잃은 부모들이 자식의 시신이라도 보기 위해서 안타까움과 슬픔으로 바다를 쳐다보고 있습니다. 재난대책본부의 담당자들이 한심한 소리를 할 때마다 "내 자식을 살려내라!"고 절규하는 부모의 모습은 성 베드로 성당에 있는 피에타상보다 더욱 절박하고 처절합니다.

1

예수가 말하는 부활(resurrection)은 소생(revival)이 아닙니다. 잠시 죽었다가 살아나는 사람들은 얼마든지 있습니다. 의학적인 소생술로도 얼마든지 가능합니다. 소생된 사람은 그러나 또 죽습니다. 부활은 그러한 생물학적 소생과는 전혀 관계없는 것입니다. 죽었다가 천국을 경험하고 다시 소생한 사람들의 이야기가 책으로 묶여 한 때 베스트셀러가 된 적도 있지만, 부활은 그러한 것과는 아무런 관련성도 없습니다. 부활은 영원한 것입니다. 불교에서 말하는 해탈(nirvana)와 같은 층위에서 논의되어야 하는 것입니다.

한편 예수가 말하는 천국도 특정한 장소나 시간과는 아무런 관련이 없습니다. 따라서 죽어서 천국 간다는 이야기나 이 세상과는 다른 하늘에 천국이 있다는 이야기는 예수와는 아무런 관련이 없습니다. 오히려 예수의 천국은 바로 지금 여기에서 실현되어야할 하나의 상태이며, 천국의 임재(The coming)는 우리의 삶과 아주 관련이 깊은 언어입니다.

만약에 예수의 삶이 당대 사람에게 어떠한 희망도 주지 않는 것이었다면 예수의 부활은 저주와 같은 것이 될 것입니다. 악인의 부활은 얼마나 끔찍합니까. 예수의 부활을 축하하는 의미는 그의 삶이 가치있는 것이며 그 가치를 영원히 간직하고픈 소망에서 오는 것입니다. 알다시피 예수는 당대의 정치가들과 종교 지도자들을 근원적으로 비판하고, 그들에 의해서 철저하게 소외된 가난한 자, 병든 자(죄인), 이방인과 창녀들의 친구로 살았습니다. 권력자들에게 예수는 눈엣가시였고 제거 대상이었습니다. 예수가 역도이자 정치범으로 사형을 당한 것은 그의 삶이 어느 방향으로 가고 있었는지 짐작할 수 있는 대목입니다. 후대의 기독교인들이 아무리 치장을 하고 포장을 해도 이는 변하지 않습니다.

예수의 부활은 민중에게는 복음(good news)이며, 권력자들에는 공포입니다. 애써 죽여놓은 자가 다시 살아났다면 누가 두려워하겠습니까. 감추려고 했던 비밀이 드러난 것이고, 죽이려고 했던 것이 살아난 것이고, 없어져야 할 가치가 더 크게 부각되는 것이 바로 부활입니다. 21세기의 언어로 이야기하자면, 부활은 낡은 가치와 새로운 가치가 싸우다가 잠시 동안 낡은 가치가 이기는 것 같지만, 결국은 새로운 가치가 새 세상을 여는 것입니다. 새로운 가치의 승리를 선포하는 것입니다.

2

세월호 참사에 비유하자면, 세월호에 탄 무고한 사람들의 죽음은 경제적 효용성만을 따지고 부의 욕망만을 좇았던 기업과 이를 방관하고 외면하다가 사회적 안정망도 제대로 갖추지 못한 채 우왕좌왕하는 정부의 무능력이 만들어낸 비극입니다. 더욱 슬픈 것은 세월호의 안전을 끝까지 책임져야 할 선장과 승무원들이 승객을 모두 버리고 저 먼저 살자고 도망쳐버린 사실입니다. 이 모든 것이 사람의 생명보다 돈과 권력이라는 낡은 가치를 따른 결과입니다.

그런데 그러한 결과를 외면하지 않은 사람들이 있어, 생명의 가치를 드높이고 이제는 더 이상 돈과 권력의 욕망을 따르지 않기로 결심한다면, 그리고 지금부터라도 그렇게 살아간다면 생명이라는 오래된, 하지만 언제나 새로운 가치는 부활하는 것입니다. 따라서 부활은 믿음의 영역이 아니라 삶의 결단의 영역이며, 단순히 종교적 사건이 아니라 우리가 거룩한 삶을 선택하는 것입니다.

예수의 삶은 낡은 가치를 전복하는 삶이었습니다. 그는 거짓 우상을 파괴하는 우상 파괴자였습니다. 그는 부조리한 명령이나 폭력에 저항하는 저항자였습니다. "누가 네 오른쪽 뺨을 치거든, 왼쪽 뺨마저 돌려 대어라"(마태복음 5:39)는 말은 무기력한 대응의 메시지가 아니라 급진적인 저항의 언어입니다. 로버트 펑크(Robert

Funk)는 말합니다.

이 말은 폭력의 희생자에게 더한 폭력도 감내하라는 명령으로 이해
되어져 왔다. (이러한 이해에 따라) 성적 학대를 심하게 당해왔던 여
성에게 그러한 학대를 감내하라고 명령하는 것과 같은 것으로 해석
되어져 왔다. 이것은 침략의 대응으로 완전한 평화주의를 취하라는
윤리적 규범으로 설명되어지기도 한다.

왈터 윙크(Walter Wink)가 지적했듯이, 이러한 오해는 뺨을 때리는
문화에 대한 잘못된 이해에서 비롯된다. (……) 공격자가 오른손을
사용할 경우, 상대방 얼굴의 타격 지점은 왼뺨이 되어야 정상이다.
지중해 사회에서는 싸울 때 왼손을 사용하지 않는다. 왼손은 화장
실에서 위생 처리를 할 때에만 필요했을 뿐, 고상한 기능을 수행한
일이 없었다. 예를 들어 쿰란 공동체에서는 왼손을 사용할 경우 참
회의 행동과 함께 10일간 공동체에서 추방령을 내렸다. 그렇다면 예
수가 여기에서 염두에 두고 있었던 상황은 지위가 우월한 자(supe-
rior)가 열등한 자(inferior)를 손등으로 때리는 상황이다. 이러한 행
동은 로마인이 유대인에게, 주인이 노예에게, 남편이 아내에게, 부모
가 아이에게 행하는 (당시에는) 적절한 행동이었다. 그러한 행동은
일종의 사회적 메시지를 전달하려는 의도가 담겨 있다. 즉, 네 자리
로 물러나라! 네가 누구인지 기억하라! 복종하라! 등의 메시지이다.
그렇다면 이러한 상황에 대해 예수가 제안했던 응답은 명백히 전복
적이다. 다른 뺨을 돌려대라고 요청한 것은 아주 강력한 메시지를
담고 있다. 그것은 저항의 행동이다. 그것은 피해자에게 동등한 지

위를 선언한 것이다. '나는 당신보다 열등한 자가 아니다. 나에게도 권리가 있다. 나는 인간이다. 나는 나를 열등한 종자로 대하는 것을 거부한다.' 이제 가해자는 무척 당황할 것이다. 왼뺨은 손등으로 때릴 수 없기 때문이다. 뺨 때리기를 더 이상 할 수 없다는 것은 두 계층(로마인-유대인, 주인-노예, 남편-아내, 부모-자식 등 : 역자)이 평등하다는 것을 선포하는 것이다.

예수는 수동적인 복종에 저항할 것을 가르쳤다. 그는 폭력에는 폭력으로 맞서라고 가르치지는 않았지만, 그렇다고 해서 희생자에게 자신의 운명을 감수하라고 가르치지도 않았다. 압제에 대한 해방은 이처럼 간단하지만 효과적인 저항의 행위를 통해 시작된다. 한편 로마 사회에서는 이러한 저항의 행위가 희생자를 죽게 만들 수도 있다는 것 또한 기억하자. 주인은 노예에 대한 생사여탈권을 가지고 있었다. 뿐만 아니라 이러한 권리는 부모가 자식에게, 로마인이 비로마인에게 행사할 수 있었다. 왼뺨을 돌려대는 행위는 제도 또는 체제를 전복하는 과감한 단계이다."[7]

지배적인 낡은 가치에 저항하는 것은 때로 죽음을 무릅써야 합니다. 예수는 바로 그러한 저항의 본보기가 되었습니다. 예수 당시에 낡은 가치들은 산적해 있었습니다. 로마인에 의한 유대인의 차별, 유대인에 의한 이방인의 차별, 주인에 의한 노예의 차별, 남

7 Robert W. Funk, *A Credible Jesus*, Polebridge Press, 2002. p. 97.

편에 의한 아내에 차별, 부모에 의한 자식의 차별⋯⋯. 이 모든 것을 한마디로 정리하면 인간을 인간으로 평등하게 대접하지 않는 것입니다. 예수는 그 어떠한 종교권력이나 정치권력도 하느님 앞에 평등한 인간을 차별할 수 없다고 생각했습니다. "안식일이 인간의 주인이 아니라, 인간이 안식일의 주인이다"라는 예수의 말은 그 어떠한 권력도 인간 위에 군림할 수 없음을 선포한 것입니다.

오늘날 우리를 지배하는 낡은 가치는 무엇입니까? 민주주의를 훼손하는 모든 것은 낡은 가치입니다. 자본의 욕망에 브레이크를 제거한 것이 신자유주의라면, 신자유주의는 민주주의와 함께 할 수 없습니다. 민주주의 핵심 가치인 "대한민국은 민주공화국이며, 모든 권력은 국민으로부터 나온다"는 헌법 조항과 충돌하기 때문입니다. 인간 위에 군림하는 정권, 기업, 제도와 가치는 낡은 것입니다. 이 가치는 세월호 참사에서도 증명했듯이 절망과 죽음으로 국민을 몰고 갑니다. 이제는 이 낡은 가치와 목숨을 걸고 싸워야 할 때입니다.

3

예수가 죽음의 길로 걸어갈 때, 많은 사람들이 울었습니다. 그때 예수는 말합니다. "나를 위해 울지 말고 너와 네 자녀를 위하여 울어라." 우리는 죽지 말아야 할 죽음 앞에서 한없이 눈물이 납니다. 지난 며칠이 바로 그런 시간이었습니다. 차가운 바닷속에서 구원의 손길만을 기다리며 절망의 시간을 보내야했던 아이들을 떠올릴 때마다 무기력한 우리 자신이 원망스러워 울었습니다. 그러나 그렇게 시간을 보내는 것은 예수 정신이 아닙니다.

울음이 방향성을 잃고 우리를 절망의 나락으로 떨어뜨릴 때, 하릴 없이 소주만 기울이게 될 때, 울음의 방향성을 잡아야 합니다. 비참한 현실은 과거에도 있었고 앞으로도 있을 것입니다. 그것은 남의 일이 아니고 바로 우리의 일입니다. 우리가 넋 놓고 울기만 한다면 절망의 현실은 멈추지 않을 것입니다. 예수는 사마리아인의 비유를 통해 말했습니다. "강도 맞은 사람이 피를 흘리며 길거리에 누워 있다. 많은 사람들이 그를 보고 불쌍히 여기면서도 자기 일이 바빠서 지나쳐 간다. 자기가 당한 불행이 아니기 때문이다. 그때, 한 사람이 지나가다 그를 발견하고 그를 응급치료하고 부축하여 쉴 곳에 옮긴 다음 그를 잘 보살펴주라고 말하고 그에 대한 비용을 자신이 대겠다고 했다. 그렇다면 누가 이 강도 맞은 사람의 이웃이냐?"

우선은 슬픔을 직시하고 외면하지 말아야 합니다. 슬픈 자를 위로하고 함께 하면서 그것을 자신과 자녀의 문제로 생각하고, 보다 근원적인 대책을 강구해야 합니다. 권력이 그것을 해결해줄 수 없다면 권력을 바꾸고, 권력에만 기댈 것이 아니라 우리 스스로가 그러한 문제가 발생하지 않도록 준비해야 합니다. 슬픔에서 기쁨으로 전환할 수 있는 작지만 근원적인 삶의 변화를 구체적으로 모색하고 실천해야 합니다.

아니 그 전에, 우리가 강도는 아니었는지, 아니었다면 적어도 우리가 강도를 양산하는 삶을 살지는 않았는지 성찰해야 합니다. 어느 개그맨이 외치듯이 "나만 아니면 돼!"라고 외치며 살지 않았는지. "우리 식구가 당하지 않았으니 다행이다." 속으로 안도하며 살지는 않았는지. 이러한 성찰적 태도가 예수의 죽음 앞에서 나와 내 자녀를 위하여 우는 방법이 될 것입니다.

4

부활절에 주로 교회에서 하는 설교는 예수가 우리의 죄를 위해 죽임을 당하고 부활했으니, 이를 믿으며 우리는 영생을 얻게 될 것이라는 것입니다. 예수의 고난이 우리에게 영광이 되는 이 멋들어진(?) 설교는 바울의 신학에서 강력하게 유래한 것입니다. 그러나 이는 바울에 대해 반쪽만 아는 것입니다. 물론 바울은 십자가의 죽음과 부활, 대속(인간의 죄를 대신함)과 구원에 대해 정교한 담론을 만들어낸 사람입니다. 예수 이후의 기독교의 역사는 바울의 역사에 다름 아니라고 말해도 좋을 것입니다. 하지만 바울은 그것만을 이야기한 사람은 아닙니다. 바울은 예수의 십자가뿐만 아니라 자신이 져야 할 십자가에 대해서도 분명히 알고 있는 사람이었고, 그 십자가가 죽음을 향하고 있다는 것도 아는 사람이었습니다. 바울이 갈라디아에 있는 교인들에게 보내는 편지에는 이러한 구절이 있습니다.

> 내가 그리스도와 함께 십자가에 못 박혔나니 그런즉 이제는 내가 산 것이 아니요
> 오직 내 안에 그리스도께서 사신 것이라.
>
> ＿＿갈라디아서 2 : 20

바울은 예수와 함께 십자가에 못 박혔다고 고백합니다. 그것은 이전의 삶을 포기하는 것입니다. 이전의 삶을 죽이는 것입니다. 자신은 죽었다는 것입니다. 불교적으로 말하면, '나는 없다'는 무아(無我)의 경지에 도달한 것입니다. 자신의 낡은 가치가 아닌 예수의 새로운 가치로의 전환! 그것이 바울의 고백입니다. 그러한 고백을 한 후에 그의 삶은 완전히 바뀝니다. 낡은 삶이 아니라 새로운 삶을 선택합니다.

> 누구든지 그리스도 안에 있으면 새로운 피조물이라 이전 것은 지나갔으니 보라
> 새 것이 되었도다.
>
> ＿＿고린도후서 5 : 17

바울 신학의 논쟁적 언사는 나중에 이야기하기로 하고, 적어도 바울은 예수를 알고 나서 새로운 존재로 부활합니다. 그는 노예해방에 앞서고, 로마 권력에 저항하며, 화석화된 기독교와도 싸우는 존재가 됩니다. 그로 인해 수없는 박해를 당하고 죽음의 위기를 맞아도 그러한 삶을 멈추지 않습니다. 그러다가 그 역시 로마에서 예수처럼 십자가에 달려 죽습니다. 정치범의 죽음입니다. 저는 적어도 바울이 부활의 의미를 정확히 살았다고 생각합니다.

기독교의 창시자인 예수도 정치범으로 사형당하고, 바울뿐만 아니라 예수를 따르던 수많은 제자들도 정치범으로 사형당했다는 사실만으로도 부활의 의미는 정치적입니다. 그래서 정치와는 무관한 듯 구원만을 말하는, 십자가는 말하지 않고 영광만을 외치는 대부분의 교회들이 예수와는 아무런 상관이 없는 세력임을 확신할 수 있습니다.

어린이와 하느님 나라

어린이들이 내게 오는 것을 허락하고, 막지 말아라.
하느님 나라는 이런 사람들의 것이다.

___마가복음 10:14

맏아들이 초등학교 때 가출한 적이 있었습니다. 하도 오래된 일이라 그 이유는 잘 기억나지 않습니다. 보나마나 아내와의 작은 언쟁 후 벌어진 일이겠지요. 처음에는 걱정이 되었으나 돈 없이 충동적으로 행한 가출이라 둘째 아들을 잘 구슬려 알아보니, 교회에서 자겠다고 하며 나갔답니다. 일단은 향방이 분명해진 터이니, 너무 서두를 필요가 없어 보였습니다. 가출의 맛을 느낄 수 있는 시간은 주어야지요. 자정이 다 되어 아내에게 교회에 다녀오겠다며 집을 나섰습니다. 교회에 도착하니, 아니나 다를까, 교회 옆 어린이 도서관에서 난롯불을 켜놓고 잠을 자고 있었습니다. 쪼그려 자는 모습이 불쌍하기도 하고, 어느덧 가출할 정도로 나이가 먹었구나 생각하니 대견하기도 했습니다. 아이를 흔들어 깨워 밖으로 데리고 나왔습니다. 저녁도 못 먹고 나간 것을 기억하고, 포장마차에 들러 국수를 시켜주고 저는 꼼장어에 소주 한 병을 시켜 홀짝였습니다. 국수 한 그릇을 뚝딱 먹어치우는 모양새가 어찌나 우습던지. 값을 치르고 나와 아내에게 전화했습니다. 하루도 되지 않아 체포되어 돌아온 아이를 아내는 말없이 이부자리를 봐주며 재우더군요. 아이를 재워놓고 아내와 잠자리에 들어 아이가 이제 다 컸다며 웃었던 기억이 납니다.

1

기독교 성서에서 예수의 어린 시절을 다루고 있는 복음서는 마태복음과 누가복음입니다. 기원후 70년경에 씌어진 마가복음은 예수의 출생과 성장에 대해서는 일언반구도 없습니다. 예수를 믿는데에 예수의 어린 시절은 별무소용이라 생각했던 것이 분명합니다. 이러한 마가복음 기자의 태도에 불만을 품은 것인지는 알 수 없으나, 80~90년대에 씌어진 마태복음과 누가복음은 마가복음과는 별도의 자료(Q자료로 알려져 있습니다. Q는 독일어 quelle의 약자입니다.)를 이용하면서 마가복음의 내용을 더욱더 풍부하게 만들었을 뿐만 아니라 예수의 탄생과 족보, 어린 시절 등을 기록해놓고 있습니다.

그 중에서 눈에 띄는 예수의 어린 시절 이야기는 누가복음에 나와 있는데요, 예수가 열두 살이 되던 해에 유월절이 되어 에루살렘을 간 경험이 담겨 있습니다. 내용을 보면,

예수의 부모는 해마다 유월절에 예루살렘으로 갔다. 예수가 열두 살이 되는 해에도, 그들은 절기 관습을 따라 유월절을 지키러 예루살렘에 올라갔다. 그런데 그들이 절기를 마치고 돌아올 때에, 소년 예수는 예루살렘에 그대로 머물러 있었다. 그의 부모는 이것을 모르고, 일행 가운데 있으려니 생각하고, 하룻길을 갔다. 그 뒤에 비로소 그들의 친척들과 친지들 가운데서 그를 찾았으나, 찾지 못하여, 예루살렘으로 되돌아가서 찾아다녔다.

사흘 뒤에야 그들은 성전에서 예수를 찾아냈는데, 그는 선생들 가운데 앉아서, 그들의 말을 듣기도 하고, 그들에게 묻기도 하고 있었다. 그의 말을 듣고 있던 사람들은 모두 그의 슬기와 대답에 경탄하였다. 그 부모는 예수를 보고 놀라서, 어머니가 예수에게 말하였다. "얘야, 이게 무슨 일이냐? 네 아버지와 내가 너를 찾느

라고 얼마나 애를 태웠는지 모른다." 예수가 부모에게 말하였다. "어찌하여 나를 찾으셨습니까? 내가 내 아버지의 집에 있어야 할 줄을 알지 못하셨습니까?"

_____누가복음 2 : 41~49

의도적 가출은 아니지만, 부모의 곁을 떠나 제멋대로 행동하다가 사흘 만에 상봉한 후, 걱정하는 부모에게 자식이 도리어 나무라는 모습은 가관입니다. 적반하장이라고나 할까요. 나이를 계산해보니 얼추 우리 맏아들이 가출한 날짜와 엇비슷한 데 만약에 제 아들이 저에게 그렇게 말했다면, 분명 크게 혼났을 것입니다. 그런데 성서는 이 사건에 대하여 다른 평가를 내놓습니다.

그러나 부모는 예수가 자기들에게 한 그 말이 무슨 뜻인지를 깨닫지 못하였다. 예수는 부모와 함께 내려가 나사렛으로 돌아가서, 그들에게 순종하면서 지냈다. 예수의 어머니는 이 모든 일을 마음에 간직하였다. 예수는 지혜와 키가 자라고, 하느님과 사람에게 더욱 사랑을 받았다.

_____누가복음 2 : 50~52

어린 예수의 말을 도리어 부모가 이해하지 못하며, 예수는 이를 이해하고 집으로 돌아와 부모에게 순종하고 지냈다고 말합니다. 예수의 어머니인 마리아는 이 당혹스런 경험을 마음에 간직하였고, 예수는 모범 어린아이로 성장하여 주변의 사랑을 받았다고 합니다. 이런 평가는 예수의 어린 시절마저 신성시하려는 당대 믿음의 경직성을 드러내는 것이라 할 수 있습니다. 육체적으로는 어린이이지만 영적으로는 이미 완전한 신인 자!

2

이보다 더 경악스러운 어린 예수의 이야기는 외경인 도마복음에 나와 있습니다. 이번에는 5살짜리 예수입니다. 한번 읽어보겠습니다.

어린 예수가 다섯 살이 되었을 때 냇가에서 놀고 있었다. 흘러내리는 물을 가지고 웅덩이를 만들고 그 즉시 그 물을 맑게 했다. 말 한 마디로 명령해서 그렇게 한 것이다. 그리고 부드러운 진흙 반죽을 이겨서 그것으로 참새 열두 마리를 빚었다. 그 일을 할 때가 안식일이었다. 어린 예수와 같이 놀던 다른 아이가 많았다. 안식일에 놀면서 예수가 한 일을 어떤 유대인이 보았다. 그 사람이 즉시 예수의 아버지 요셉에게 알리기를 "보시오. 당신 아이가 냇가에서 놀고 있는데, 진흙을 가지고 새 열두 마리를 빚었소. 안식일을 더럽혔단 말이오."라고 했다. 요셉이 그 자리에 와서 예수가 한 일을 보고는 큰 소리로 "안식일에 해서는 안 되는 일을 왜 했느냐?"라고 물었다. 예수가 손뼉을 치면서 참새들에게 "가 버려라!"라고 소리쳤다. 그러자 참새들이 짹짹거리면서 날아가 버렸다. 유대인들이 보고 놀랐다.

유대인들은 떠나가서, 예수의 행동을 본 대로 지도자들에게 보고했다. 율법학자 안나스의 아들이 요셉과 함께 서 있었다. 버들가지를 잡아서, 예수가 모아 놓은 물을 빼버렸다. 그것을 본 예수가 화가 나서 "불의한 녀석, 불경스러운 무식쟁이야. 물웅덩이들과 물이 너를 해친 게 무엇이냐? 너는 나무처럼 말라 버리고 잎이나 뿌리나 열매를 갖지 못할 것이다."라고 소리쳤다. 그러자 그 아이는 즉시 온몸이 말라 버렸다.

예수가 그 자리를 떠나 요셉의 집으로 돌아갔다. 몸이 말라 버린 아이의 부모가 그 아이를 운반해 가고, 생기를 잃은 것에 대해 한탄했다. 그 부모가 아이를 데리고 요셉에게 와서 "이따위 짓을 하는 아이는 도대체 어떤 아이란 말이오? 그런 아이를 당신은 기르고 있단 말이오?"라고 요셉을 야단쳤다.

예수가 마을을 통과하는데, 한 아이가 달려오다가 예수의 어깨에 부딪쳤다. 화가 난 예수가 그 아이에게 "너는 더 이상 네 길을 가지 못한다."라고 말했다. 그러자 그 아이가 즉시 땅에 넘어져 죽었다. 그 광경을 본 몇몇 사람이 "말을 하기만 하면 그대로 실현되니. 이 아이는 어디서 태어난 아이냐?"라고 물었다.

죽은 아이의 부모가 요셉에게 가서 "당신이 이런 아이를 기르고 있는 이상 이 마을에서 우리와 같이 살 수가 없소. 이 아이가 우리 아이들을 죽이니 당신이 선택할 다른 길은 저주가 아니라 축복하는 법을 아이에게 가르치는 것이오."라고 말했다. 요셉이 아무도 안 보는 곳으로 어린 예수를 끌고 가서 "왜 이따위 짓을 했느냐? 이 사람들이 고통을 당하고, 그래서 우리를 미워하고 박해하지 않느냐?"라고 말했다. 예수는 "그 말이 당신의 말이 아님을 난 압니다. 그러나 당신 때문에 앞으로 입을 다물겠어요. 그렇지만 그 사람들은 벌을 받을 것입니다."라고 말했다. 예수를 비난한 사람들이 즉시 소경이 되었다.

그것을 본 사람들이 공포에 질리고 어리둥절해져서 예수에 대해 "좋은 것이든 나쁜 것이든, 이 아이기 말을 하기만 하면 무엇이든지 일어나고 기적이 된다."라고 말했다. 예수가 한 것을 본 요셉이 일어나서 예수의 귀를 세게 당겼다. 예수가 화가 나서 요셉에게 "당신은 찾아도 발견하지 못하는 게 당연해요. 당신은 매우 어리석게 행동했어요. 내가 당신의 아들임을 모르나요? 나를 건드리지 말아요."라고 말했다.

제멋대로 행동하다가 자신이 한 행동을 비난하는 사람들에게 저주를 퍼붓는 악동 예수. 심지어는 정당한 비판에 도리어 화를 내는 예수. 그의 아버지 요셉은 얼마나 화가 났길래 예수의 귀를 세게 당겼을까요. 그러자 아비에게까지 도리어 화를 내는 예수의 모습이 적나라하게 나타나네요.

물론 저는 이 모든 이야기가 사실을 적어놓은 것이 아니라고 생각합니다. 예수가 신성시되자, 그의 어린 시절 이야기가 창작되었을 가능성이 훨씬 높지요. 지금 두 가지 이야기를 소개했는데요. 저는 개인적으로 누가복음의 이야기보다 도마복음서의 이야기가 훨씬 마음에 듭니다. 적어도 도마복음서에는 누가복음에 나오는 근엄한 어린아이의 상이 없기 때문이지요. 자신의 신적 능력을 갖고 노는 어린아이, 아직은 선과 악을 구별하지 못하는 어린아이, 천사로 치장되지 않은 날것 그대로의 어린아이가 도마복음서에는 그려져 있습니다. 이야기를 듣는 아이의 입장에서 본다면 자신을 괴롭히는 모든 사람들을 마음 놓고 벌 줄 수 있는 이 슈퍼키드야말로 정작 자신이 되고 싶은 아이의 모습이 아니었을까요? 아이의 난동을 책임지라는 사람들에 둘러싸여 쩔쩔매는 아비의 모습도 리얼하고요.

그러면 정작 예수 당시에 중근동 지방에서 어린아이들이 차지하는
사회적 지위는 어떠했을까요? 성서학자 로버트 펑크에 따르면, 기
형아로 태어난 아이들은 정기적으로 버려지거나 물에 빠져 죽게 했
고, 아들이 아니라 딸로 태어날 경우에는 종종 버려졌다고 합니다.
가난한 가족이 자녀를 양육할 수 없을 때에는 통상적으로 자식이
버려지는 경우가 많았다고 합니다. 버려지고 위험에 빠지고 심지
어는 영아 살해까지 당하는 경우도 당시에는 합법적으로 자행되
었다고 하네요. [8]

성서학자 크로산은 그의 책 『예수 : 사회적 혁명가의 전기』에서
이를 증명하는 고대 파피루스의 기록을 소개하고 있는데요, 그 내
용은 이렇습니다.

힐라리온이 그의 누이(아내) 알리스에게 진심으로 안부를 전하오.
또 나의 존경하는 여인 베로우스와 아들 아폴로나리온에게도 문안
하오. 우리가 아직도 알렉산드리아에 있다는 것을 아시오. 나만 빼
고 다른 모든 사람들은 돌아가고 나는 알렉산드리아에 남을 것인
지는 걱정하지 마시오. 당신에게 간절히 부탁하는데, 아이를 잘 돌

---

8 Robert W. Funk, *A Credible Jesus*, Polebridge Press, 2002. P.49.

보아 주길 바라오. 그리고 이제 곧 임금을 받게 되면 그것을 당신에게 보내리다. 아이를 낳게 되면, 아들이면 그대로 두고 딸이라면 죽도록 내버리시오. (강조 : 인용자) 아프로디시아스를 통해 '나를 잊지 말라'고 부탁한 당신의 말을 전해 들었소. 어떻게 내가 당신을 잊을 수 있겠소? 그러니 아무런 걱정 마시길 바라오. 카이사르 아우구스투스 29년 파니월 23일."

힐라리온이라는 노동자가 동료들과 고향을 떠나 외국에서 일을 하면서 두 번째 아이를 임신 중인 아내에게 보낸 편지입니다. 전체 맥락은 아내에게 안부를 전하고 사랑을 전하는 내용이지만, 임신한 아이의 처분 문제에 관해서는 아주 잔혹할 정도로 분명합니다. 딸이면 버리라! 이탈리아 정치철학자 조르지오 아감벤(Giorgio Agamben)의 표현을 빌자면 '호모 사케르(Homo Sacer)'에 해당하는 자가 되겠네요. '벌거벗은 생명', 그 어떤 법으로도 보호받지 못하는 날것 그대로의 대상, 예외와 배제!

성서학자 크로산의 표현에 따르면, 이런 자들은 '성가신 사람'들이며 '아무것도 아닌 사람'들입니다. 그에 따르면 예수가 말하는 하느님 나라는 특정한 장소나 미래의 어느 시간을 뜻하는 것이 아니라 권력과 통치의 방식이며, 하나의 과정이고, 삶의 방식입니다. 즉 예수의 하느님 나라는 "성가신 사람들과 아무것도 아닌 사람들이 환영받고 축복받는 상태"가 되는 셈이지요.

처음에 소개한 성서 구절의 내용을 소개해볼까요.

사람들이, 어린이들을 예수께 데리고 와서, 쓰다듬어 주시기를 바랐다. 그런데 제자들이 그들을 꾸짖었다. 그러나 예수께서는 이것을 보시고 노하셔서, 제자들에게 말씀하셨다. "어린이들이 내게 오는 것을 허락하고, 막지 말아라. 하느님 나라는 이런 사람들의 것이다. 내가 진정으로 너희에게 말한다. 누구든지 어린이와 같이 하느님 나라를 받아들이지 않는 사람은 거기에 들어가지 못할 것이다." 그리고 예수께서는 어린이들을 껴안으시고, 그들에게 손을 얹어서 축복하여 주셨다.

_____마가복음 10 : 13~16

마가복음의 구절에서 우리는 예수의 동작을 추출할 수 있습니다. 데리고 오다, 쓰다듬어 주다, 껴안다, 손을 얹다, 축복하다 등. 이 모든 단어들은 제자들의 배제적 행동과는 다릅니다. 가장 친숙한 감각인 촉감이 이용되는 이러한 행위를 통해 하느님 나라는 실현되는 것입니다. 시각과 청각은 거리가 있지만 촉각은 거리가 없습니다. 그 어떤 매개도 필요 없습니다. 하느님 나라는 선포되는 것이 아니라 구체적 행위를 통해 실현되는 것입니다.

예수와 섹슈얼리티(1)

"너희 가운데서 죄가 없는 사람이 먼저
이 여자에게 돌을 던져라."

___요한복음 8:7

1

예수는 결혼했다? 중세 시대 예수에 관한 야화로 알려진 책 『성혈과 성배』를 마이클 바이젠트와 리처드 레이머, 헨리 링컨 등이 공동저자가 되어 현대사회에 소개하면서 후끈 달아오른 주제입니다. 막달라 마리아와 결혼한 예수의 후손들이 아직도 생존할 가능성이 높다는 이 소설 같은 이야기는 『다빈치 코드』라는 소설과 동명의 영화로 우리에게 소개되면서 인기를 끌었지요. 정말 예수가 결혼했을까요? 『예수의 섹슈얼리티』를 쓴 윌리엄 E. 핍스는 예수가 결혼했다고 보는 것이 당대의 유대사회의 관례에도 맞고, 예수가 결혼했다고 해서 예수의 삶이 불결하거나 불경건해지는 것이 아니라고 주장했습니다. 물론 가톨릭과 개신교에서는 이러한 이야기들이 성서의 내용과 일치하지 않는다는 점을 들어 받아들여지지 않았습니다.

개인적으로는 예수가 처녀의 몸에서 태어났다는 것에 관심이 없는 것만큼이나 예수의 결혼 여부에 대해서 관심이 없습니다. 총각이냐 유부남이냐가 삶의 양태를 변화시킬 수 있을지는 모르지만 삶의 본질을 휘저을 만큼 중요한 사실은 아닐 테니까요. 제가 관심을 갖는 것은 예수의 여성관, 혹은 예수의 인성(人性)인데요, 저는 예수가 여성성이 충만한 인성을 가지고 있었다고 확신합니다. 이는 예수의 생애를 나름대로 기록한 복음서에 한결같이 확인할 수 있는 내용이지요. 이번에는 이 이야기를 좀 해보겠습니다.

2

예수의 성장기에 대해서 전통 복음서에는 별다른 정보를 제공하고
있지 않습니다. 하지만 예수의 탄생은 유대인 사회에서 위험천만한
상황 속에서 이루어진 일이었습니다. 예수의 어머니 마리아는 약혼
자인 요셉과 동침도 하기 전에 임신을 한 상황이었고, 요셉은 이를
알고 비밀리에 파혼을 하기로 마음먹습니다. 만약에 요셉이 마리
아의 임신 사실을 유대 공동체에 알린다면 마리아는 영락없이 돌에
맞아죽을 형편이 됩니다. 당대 유대법에 따르면, 간음한 여인은 재
판 없이 돌에 맞아 죽을 운명이었으니까요. 하지만 마리아는 요셉
의 침묵으로 돌에 맞지 않았고, 예수를 무사히 낳을 수 있었지요.
자신의 자식도 아닌 예수를 받아든 요셉의 마음은 어땠을까요?

 성서에는 무척이나 경건하게 표현하고 있으나, 일상적인 경험으
로 미루어보면 그리 탐탁지 않았을 겁니다. 만약에 나중에라도 이
러한 사실이 공동체에 알려진다면 자신의 결혼은 수치스런 것으로
드러나기에 입은 다물고 있었겠지만요. 예수의 청년기에 요셉에 대
한 언급이 없는 것으로 보아, 요셉은 일찍 죽었을 겁니다. 그렇다
면 예수 주변에는 홀어머니 마리아와 그의 형제자매들이 있었고,
예수는 맏아들로 이 가족을 건사할 책임이 있었기에 양아버지인
요셉의 직업에 따라 목수(건설노동자)를 하고, 평상시에는 농사에
종사하는 삶을 살았을 것입니다. 일찍 돌아가신 아버지와 홀로 남
은 어머니, 그리고 어머니와 함께 하는 공동체의 여성들(친척들) 사

이에서 자란 예수의 젊은 시절은 예수의 공생애(종교지도자로서 활동기)에 밑그림을 그릴 수 있는 자산이 됩니다.

그러나 그 젊은 시절 이야기는 공식적으로 복음서에 언급된 바가 없음으로, 복음서에 나오는 예수의 여러 이야기와 사건으로 역추적하여 추측할 수밖에 없다고 봅니다. 결론부터 미리 말씀드리자면, 예수는 전통 유대인들이 가지고 있었던 가부장적인 여성관을 버리고, 친여성적 가치관을 젊은 시절에 확립했다고 생각합니다. 『신의 인간성(*Humanity of God*)』을 쓴 엘리자베스 몰트만 웬델에 따르면, "예수는 남성적 원리와 여성적 원리를 조화롭게 통합한 최초 인물이다"라는 평가가 가능한 거지요.

근거를 대자면, 예수의 비유에 나오는 수많은 여성 주인공들, 예를 들면 열 명의 신부 이야기(마가복음 25:1~3), 누룩을 넣어 떡을 만드는 여인(누가복음 13:21), 동전을 찾은 과부(누가복음 15: 8~10) 등이 이를 방증합니다. 이러한 비유 등은 예수가 젊은 시절 어머니 주변의 여성들과 친밀한 관계를 유지하지 않았다면 나오기 힘든 비유입니다. 저는 예수에게 열두 제자가 있었던 것처럼, 만약 열두 명의 스승이 있었다면 그중 최소 5할은 여성일 거라고 추정합니다.

또 다른 근거로는, 예수가 이야기하는 하느님은 권위적이고, 폭력적이며, 가부장적인 남성상이 아니라 자애롭고, 끊임없이 용서하고 사랑하는 여성상에 가깝다는 점입니다. 그는 하느님의 명칭으로 '아바(abba)'를 사용하는데, 이는 우리말로 그 뉘앙스를 표현하면 '아빠' 정도에 해당하는 친근한 호칭입니다. 특히 예수의 작품임이 분명한 '탕자의 비유'(누가복음 15:11~32)는 당대의 유대인적인 아버지 상과는 너무나도 다른 것이어서 그 이야기를 들은 당대의 유대인이라면 누구나 경악했을 법한 이야기입니다.

셋째로 예수 공동체의 구성원들이 이를 증명합니다. 성서에 나오는 수많은 예수를 따르는 여인들, 막달라 마리아, 나사로의 동생들인 마르다와 마리아, 제자인 야고보의 어머니 마리아와 살로메 등이 예수 공동체에 핵심 멤버로 당당히 등장합니다. 이는 당시에는 거의 이단에 가까운 기이한 행보였을 것입니다. 나중에 교회가 세워지고 남성 중심으로 지도체계가 확립되면서 여성의 지위나 역할이 약화되거나 억압당했지만요. 사실 오늘날에도 교회의 중추는 여성인데, 중요한 직책들은 주로 남성 위주로 되어 있다는 사실은 시대착오적임과 동시에 반예수적이라고 생각합니다. 여성들이 모여 데모를 하거나, 탈교회를 해야하지 않을까 싶습니다.

마지막으로, 예수가 여성을 대하는 태도에서 우리는 예수의 여성성을 확인할 수 있습니다. 간음한 여인을 대하여는 예수의 자애로운 태도(요한복음 8:3~11)는 가히 독보적입니다. 그 외에도 혈루병을 앓는 여인(마가복음 5:25~34), 시로페니키아 여인(마가복음 7:24~30) 이야기 등은 예수의 섬세한 여성성과 유연하면서도 연민에 찬 여성성을 드러내기에 손색없는 내용이지요.

그러니까, 지금 쓰고 있는 이 글은 예수의 여성성을 회복하자는 것이자, 남성 중심의 교회 공동체(또는 지역 공동체)를 타파하자는 메시지를 은연중에 혹은 노골적으로 드러내는 글이 됩니다. 위에서 출전만 언급한 내용들을 하나하나 살펴보겠습니다.

3

우선 복음서에 등장하는 여인들 몇몇을 소개하겠습니다.

누룩을 넣어 떡을 만드는 여인 (누가복음 13 : 20~21)

예수께서 다시 말씀하셨다. "하느님 나라를 무엇에다가 비길까? 그것은 누룩의 다음 경우와 같다. 어떤 여자가 누룩을 가져다가, 가루 서 말 속에 감추어 넣었더니, 마침내 온통 부풀어올랐다."

예수가 하느님 나라를 비유하면서 든 예화입니다. 주인공인 '어떤 여자'가 누룩을 가루 서 말에 숨깁니다. 가루 서 말이면 잔치를 벌일 만큼 많은 양이지요. 문제는 '누룩(yeast)'인데, 이 누룩은 일종의 발효제 역할을 하는 곰팡입니다. 사람의 몸에 좋게 변하면 발효고, 몸에 안 좋게 변하면 부패입니다. 이 발효 과정을 거쳐야 빵의 맛이 좋아집니다. 하지만 유대인들은 이 '누룩'을 안 좋은 것으로 보았습니다.

다음은 로버트 펑크의 『진짜 예수(*A Credible Jesus*)』에서 이와 관련하여 언급된 부분입니다.

여기서 중심이 되는 개념은 누룩, 감춤, 가루 서 말이다.

구약성서를 보면 이스라엘 민족은 유랑기간 동안 통상 무교병(無酵

餠, 누룩을 넣지 않은 떡)을 먹었다. 그리고 그들은 특별한 환대를 할 경우 이 무교병(중동지방에서는 이 빵을 피타pita라 부른다.)을 제공했다. 두 천사가 소돔성에 롯을 방문했을 때, 롯은 그들을 맞이하여 주 요리로 무교병을 대접하였다. 소돔과 고모라성이 파괴되어버린 이유는 바로 그 성에 살고 있는 다른 사람들이 두 천사에게 이러한 환대를 하지 않았기 때문이다. 마므레의 상수리나무 곁에서 아브라함이 자신을 방문한 세 천사에게 대접한 것도 아마 무교병이었을 것이다. 비록 아브라함과 사라가 정성들여 음식을 준비했음에도 불구하고 아브라함은 이 세 인물이 누구인지 알지 못했을지도 모른다. 알지 못했지만, 아브라함은 환대의 의무를 단지 충실히 이행하였다. 한편 제단에 바쳐질 소제도 (누룩을 넣지 않은) 무교병이나 무교전병을 사용하였다. 유월절에는 이스라엘 민족은 7일 동안 무교병을 먹었다. "너희는 이레 동안 무교병을 먹을지니 그 첫날에 누룩을 너희 집에서 없애라. 무릇 첫날부터 일곱째 날까지 유교병(누룩 넣은 떡)을 먹는 자는 이스라엘에서 끊어지리라." 후대의 랍비문학에서는, 누룩은 불결한 것이므로 악과 같이 취급되었다. 바울 역시 누룩에 대한 이러한 관점을 분명히 계승하고 있다.

"너희가 자랑하는 것이 옳지 아니하도다. 적은 누룩이 온 덩어리에 퍼지는 것을 알지 못하느냐. 너희는 누룩 없는 자인데 새 덩어리가 되기 위하여 묵은 누룩을 내버리라. 우리의 유월절 양 곧 그리스도께서 희생되셨느니라. 이러므로 우리가 명절을 지키되 묵은 누룩으로도 말고 악하고 악의에 찬 누룩으로도 말고 누룩이 없이 오직 순전함과 진실함의 떡으로 하자."

하지만 예수는 분명히 누룩에 대한 이러한 부정적 태도를 공유하지 않았다. 반대로 예수는 누룩을 하느님 나라의 상징으로 사용하였다. 이렇게 하여 그는 과거 전통적 관점과의 연결을 단절시켰다. 긍정적 의미로 누룩을 사용함은 하느님의 위치를 역전시킨다. 구약에서는 하느님이 있는 곳에서는 누룩이 허용되지 않는다. 하지만 이와는 반대로 예수는 일부러 하느님의 나라와 누룩을 연결시킨다."

예수의 비유가 놀랍습니다. 하느님 나라의 주인공으로 여성을 등장시킨 것도 놀라운 일인데, 그 재료로 누룩까지 포함시켰으니, 이 비유를 들은 당대 유대인들의 표정이 상상되지 않습니까? 비유의 악동 예수는 기존의 하느님 나라를 조롱하면서 새로운 하느님 나라를 그리지요. 그곳은 기존에 소외되어 있던 여성과 누룩이 주인공으로 등장합니다. 마치 이렇게 말하고 있는 것 같습니다. "너희의 하느님 나라는 우리의 하느님 나라와 다르다. 우리나라에서는 너희 기득권자들이 외면한 모든 소외된 자, 불결한 것들이 주인공이다. 아무것도 아닌 자들이 주인인 나라! 이것이 우리가 꿈꾸는 하느님 나라다."

이 놀라운 비유는 역사적 예수를 연구했던 예수 세미나 회원들에 의해 예수가 직접적으로 말한 은유적 비유 중 최상의 사례(parsimonious and metaphorical best)라고 결정하였습니다.

동전을 찾은 과부 (누가복음 15:8~10)

어떤 여자에게 드라크마 열 닢이 있는데, 그가 그 가운데서 하나를 잃으면, 등불을 켜고, 온 집안을 쓸며, 그것을 찾을 때까지 샅샅이 뒤지지 않겠느냐? 그래서 찾으면, 벗과 이웃 사람을 불러 모으고 말하기를 '나와 함께 기뻐해 주십시오. 잃었던 드라크마를 찾았습니다' 할 것이다.

저절로 웃음이 나오는 구절이지요. '1드라크마'는 노동자 하루 품삯에 해당하는 가격이에요. 부자에게는 별일 아니지만, 가난한 사람에게는 힘겹게 번 돈이 사라졌으니 실로 큰일이라면 큰일이지요. 그래서 온 집 안을 샅샅이 뒤져 드디어 찾아냅니다. '유레카!'를 외칠 만하지 않나요? 얼마나 기뻤으면 벗과 이웃 사람을 불러 모았을까요.

문제는 다음부터입니다. 복음서에는 그 뒤에 "내가 너희에게 말한다. 이와 같이 회개하는 죄인 한 사람을 두고, 하느님의 천사들이 기뻐할 것이다"라는 김빠지는 전도용 교훈으로 이를 마감하고 있지만, 저는 뒤의 말은 후대에 첨가한 것이라고 생각합니다. 차라리 이 에피소드는 예수의 어린 시절이나 청년 시절에 직접 목격한 사실에 입각한 것이라는 생각이 강하게 드는데, 동네 여인의 삶을 애정 어린 눈으로 관찰하는 예수가 느껴지지 않습니까? 조금 더 상상력을 발휘해보면, 그 여인이 불러 모은 사람들을 그냥 보냈을까요? 그 여인은 분명 불러 모은 사람들에게 한 턱 냈을 겁니다. 거기에 비용이 얼마나 들었을지는 몰라도 분명 찾은 비용보다는 많이 썼을 수도 있고요.

이게 바로 예수의 유머 코드입니다. 기쁨은 돈으로 환산할 수 없습니다. 하느님 나라를 경험하는 기쁨 또한 큰 것이니까요. 찾은 돈을 다 썼더라도 그 기쁨은 두 배 아니 열 배로 증가했을 겁니다. 이웃 사람과 그 기쁨을 나눴으니까요. 이게 바로 예수가 동전을 찾은 과부를 통해서 하고픈 진짜 이야기라고 생각합니다. 경제적 계산으로 세상의 이치를 따지는 사람들은 결코 상상할 수 없는 세계가 예수의 세계지요.

경제 이야기가 나온 김에 다른 여인의 이야기도 하나 해보겠습니다.

예수의 머리에 향유를 붓다 (마가복음 14 : 3~9)

예수께서 베다니에서 나병 환자였던 시몬의 집에 머무실 때에, 음식을 잡수시고 계시는데, 한 여자가 매우 값진 순수한 나드 향유 한 옥합을 가지고 와서, 그 옥합을 깨뜨리고, 향유를 예수의 머리에 부었다. 그런데 몇몇 사람이 화를 내면서 자기들끼리 말하였다. "어찌하여 향유를 이렇게 허비하는가? 이 향유는 삼백 데나리온 이상에 팔아서, 그 돈을 가난한 사람들에게 줄 수 있었겠다!" 그리고는 그 여자를 나무랐다. 그러나 예수께서 말씀하셨다. "가만두어라. 왜 그를 괴롭히느냐? 그는 내게 아름다운 일을 했다. 가난한 사람들은 늘 너희와 함께 있으니, 언제든지 너희가 하려고만 하면, 그들을 도울 수 있다. 그러나 나는 언제나 너희와 함께 있는 것이 아니다. 이 여자는, 자기가 할 수 있는 일을 하였다. 곧 내 몸에 향유를 부어서, 내 장례를 위하여 할 일을 미리 한 셈이다. 내가 진정으로 너희에게 말한다. 온 세상 어디든지, 복음이 전파되는 곳마다, 이 여자가 한 일도 전해져서, 사람들이 이 여자를 기억하게 될 것이다."

이 에피소드는 누가복음 7장 36절부터 50절에 이르기까지 '죄인인 한 여인이 예수께 향유를 붓다'는 소제목과 더불어 더욱 길게 각색되어 나타나는데요, 누가복음에는 여인의 죄에 초점에 맞춰져 있기 때문에 감동이 덜합니다. 차라리 짤막한 마가복음의 이야기가 더욱 감동적입니다. 예수가 십자가에 죽기 얼마 전에 나병환자였던 시몬에 집에 머무는데, 한 여인이 들어와 300데나리온의 가치를 지닌 향유 옥합을 깨서 예수에게 발라줍니다. 1데나리온은 앞서 소개했던 과부 이야기의 1드라크마와 같은 값어치를 가지고 있는데 그러니까 300데나리온은 노동자 임금의 1년치에 해당하는 비싼 향유입니다. 그러니 경제를 따지는 사람은 화를 낼 수밖에 없었습니다. 그들의 눈에는 여인의 마음은 보이지 않고, 여인이 들고 있는 향유의 가치만 보일 뿐입니다. 그러나 예수의 시선은 다릅니다. 주변의 사람들이 경제적 가치를 따질 때, 예수는 여인의 아름다운 사랑을 감지합니다.

캔 로치 감독의 〈빵과 장미〉라는 영화가 있는데 미국 사회의 불법 이민자들의 부당한 대우를 고발하고, 노동조합의 정당성을 밝히는 영화입니다. 영화 제목인 '빵과 장미'는 미국의 제임스 오펜하임이라는 시인이 시카고 여성 노동운동가들을 위하여 쓴 시의 제목이라고 합니다. '빵'이 경제(생존을 위해 필요한 돈)라면 '장미'는 인간의 존엄성과 인간다운 삶의 가치를 뜻합니다. 예수에게 향유를 부었던 이 여인은 바로 '장미'를 택한 것 아닐까요? 사랑하는 사람을 위해서는 아무리 값비싼 것도 아낌없이 바칠 수 있는 숭고한 마음 말입니다. 예수의 마음 또한 이 여인과 다르지 않습니다. 사랑하는 사람을 위해서 자신의 목숨을 바칠 준비가 되어있는 사람이었으니까요. 예수의 여성성이 또 한 번 확인되는 장면입니다.

4

다음으로 소개할 여인은, '예수의 12 스승'을 꼽으라면 예수의 스승 중 한 명으로 꼽을 여인입니다. 그리스 여인인데 아주 당차지요. 복음서의 본문부터 보겠습니다.

시로페니키아 여자의 믿음 (마가복음 7:24)

예수께서 거기에서 일어나셔서, 두로 지역으로 가셨다. 그리고 어떤 집에 들어가셨는데, 아무도 그것을 모르기를 바라셨으나, 숨어 계실 수가 없었다. 악한 귀신들린 딸을 둔 여자가 곧바로 예수의 소문을 듣고 와서, 그의 발 앞에 엎드렸다. 그 여자는 그리스 사람으로서, 시로페니키아 출생인데, 자기 딸에게서 귀신을 쫓아내 달라고 예수께 간청하였다. 예수께서 그 여자에게 말씀하셨다. "자녀들을 먼저 배불리 먹여야 한다. 자녀들이 먹을 빵을 집어서 개들에게 던져 주는 것은 옳지 않다." 그러나 그 여자가 예수께 말하였다. "주님, 그러나 상 아래에 있는 개들도 자녀들이 흘리는 부스러기는 얻어먹습니다." 그래서 예수께서 그 여자에게 말씀하셨다. "네가 그렇게 말하니, 돌아가거라, 귀신이 네 딸에게서 나갔다." 그 여자가 집에 돌아가서 보니, 아이는 침대에 누워 있고, 귀신은 이미 나가고 없었다.

예수에게 많은 적들이 생기고, 이 적들이 예수를 잡기 위해 혈안이 되어 있을 때, 예수와 그 무리들은 이스라엘 본토에서 떨어진 두로 지역으로 가서 숨어 지냈습니다. 그런데 이 사실이 어떻게 알려졌는지 한 여인이 예수를 찾아오지요. 그 여인의 이름은 밝혀지지 않았으나, 그 여인의 출신은 본문에 드러납니다. 그리스 사람으로서, 시로페니키아 출신이지요. 자신의 딸이 악한 귀신에 들렸는데 이를 고쳐달라고 예수에게 애원을 했어요.

'악한 귀신이 들렸다'는 증세를 『신약성서, 새로운 삶의 희망을 전하다』를 쓴 박경미 선생은 이렇게 해석합니다.

그는 일종의 정신병자라고 볼 수 있습니다. 정신병을 악한 귀신에 들린 결과로 보는 것은 고대 민간 신앙의 시각입니다. 인간의 심리 현상을 외부에서 침입한 어떤 실체의 작용으로 보았던 것이지요. 이러한 관점은 물론 정신 의학이 발달하지 않은 시대의 사고라고 볼 수 있겠습니다. 그렇지만 정신병이 복잡한 사회관계에서 오는 개인이 감내하기 힘든 시련과 갈등, 억압 등의 결과라는 점에서 아주 틀린 생각은 아니라고 할 수 있습니다. 병을 가져오는 원인을 인격화해서 악한 영이나 더러운 귀신이라고 표현하는 것이 이해는 됩니다.

여인의 딸이 로마 병정에게 강간을 당한 것인지, 아니면 여인으로서 부당한 대우를 당해 심적 상황이 컨트롤할 수 없을 정도로 망가진 것인지는 알 수 없으나 어쨌든 딸은 아주 심각한 상태에 빠져 있음이 분명합니다. 오죽했으면 이방인인 예수를 찾아왔겠습니까. 그런데 예수의 대응이 의외로 아주 쌀쌀맞습니다. 예수가 말합니다. "자녀들을 먼저 배불리 먹여야 한다. 자녀들이 먹을 빵을 집어서 개들에게 던져 주는 것은 옳지 않다."

말의 뉘앙스로 보면 정중한 거절이 아니라 모욕적인 거절입니다. 시로페니키아 여인을 개로 여긴 것입니다. 요즘 거친 말로 '개년' 취급을 한 것이지요. 같은 민족 내에서는 급진적이었던 예수가 이민족에 대해서는 반동적인 자세를 취하는 이 구절은 참으로 많은 생각을 하게 만듭니다. 좋게 해석하면 이방인 여인을 시험하는 것이라 할 수 있지만, 나쁘게 해석하면 예수조차 민족주의의 틀 속에서 아직까지도 갇혀 있는 셈입니다.

그러나 이러한 모독에 대한 이방인 여인의 대응은 사뭇 감동적입니다. "주님, 그러나 상 아래에 있는 개들도 자녀들이 흘리는 부스러기는 얻어먹습니다." 놀랍지 않습니까? '주님'이라는 호칭은 노예가 주인을 부를 때 쓰는 말입니다. 자신을 모욕하는 예수에게 여인은 '주님'이라고 극존칭을 씁니다. 모욕을 칭찬으로 갚는 이 여인의 경지는 가히 예수를 능가하지요. 게다가 자신이 '개'임을 부정하지 않습니다. 딸의 목숨 앞에서 개 취급당하는 정도의 모욕은 기꺼이 참을 수 있다는 결의지요. 여인은 자신에게 쏟아지는 모욕을 아랑곳하지 않고 예수에게 다시 부탁합니다. 개들도 자녀들이 흘린 부스러기는 얻어먹을 자격이 있으니, 그 부스러기라도 달라고 말입니다. 이 말을 들은 예수는 깜짝 놀랐을까요, 아니면 조용히 웃었을까요? 무엇이 되었든 상관없습니다. 이 대결은 무조건 시로페니키아 여인의 승!

저는 개인적으로 이 사건이야말로 예수의 닫힌 시선을 활짝 열어놓은 사건이라고 생각합니다. 예수의 비전은 이 사건으로 말미암아 이스라엘이라는 좁은 땅을 넘어 세계라는 넓은 전망을 갖게 되었다고 믿고 싶습니다. 저는 이 여인을 예수의 스승이었던 세례 요한보다 더 소중한 존재라고 생각합니다. 예수의 험악한(?) 남성성을 비웃기라도 하듯이 가장 낮은 곳으로 임하는 이 여인의 놀라운 여성성! 가히 예수의 스승이라 할 만합니다.

예수와 섹슈얼리티(2)

일산에서 텃밭을 일구면서 성격이 많이 변했습니다. 작물을 심고 키우며 생명에 대한 감수성이 생겨났습니다. 이 감수성은 책을 통해서 얻은 것이 아니라 몸으로 익힌 것이라 신뢰할 만합니다. 다 키운 작물을 거두어 저장하고, 요리하는 것도 즐거움입니다. 텃밭 일이 끝나고 텃밭 식구들과 술 한 잔 나누며 하는 이야기 중에서 요리가 차지하는 비중이 점점 늘어가고 있습니다. 며칠 전에는 남성들 넷이 모여 만두도 직접 빚어 먹기까지 했습니다. 아내는 지나가는 말로 "이제 남자들끼리 모여서 살림을 해도 되겠네" 하며 웃습니다. 기회가 주어진다면 기꺼이 남성들끼리 공동체를 이루며 살 수 있을 것 같습니다. 농사를 짓는 행위는 그저 작물 몇 개를 얻는 것 이상의 의미가 있습니다. 여성은 아이를 낳고, 남성은 작물을 키웁니다. 생명을 보듬고 키우는 일은 이처럼 매 한가지입니다. 농부의 감수성은 본래적으로 여성적이지요.

예수가 농부였기 때문일까요?[9] 4복음서에는 여성이 너무도 많이 등장하지요. 보통 경전들에는 여성들이 많이 등장하지 않을 뿐만 아니라, 보조적인 역할만 합니다. 하지만 예수의 공생애를 기록한 4복음서에는 너무도 자주 여성들이 등장합니다. 그것은 예수

---

9 농부 예수의 이야기는 다음 장에서 다룬다.

의 생애를 이해하는 데 여성이 없어서는 안 되는 존재일 뿐만 아니라, 예수의 사상을 이해하는 데에도 필수불가결한 요소임을 방증하는 것입니다. 가톨릭 신부 도널드 조겐은 예수의 섹슈얼리티를 이렇게 말합니다.

예수의 인성(人性)을 받아들이면서 그의 섹슈얼리티를 부인하는 것은 불가능하다. 인간을 향한 예수의 연민은 그와 조화된 성품의 결과이며, 이는 그의 성적인 조화로움을 포함한다. 복음서들은 예수를 연민이 깊고, 부드러우며, 사랑스럽고, 사려 깊으며, 온유한 사람이라고 묘사한다.[10]

2

예수가 여성을 다루는 방식은 선생이 제자에게 훈계하는 방식이 아니라, 이웃 여인이 다른 여인에게 이야기하는 듯한 방식입니다.

사마리아 여인과 대화 (요한복음 4 : 5~27)

예수께서 사마리아에 있는 수가라는 마을에 이르셨다. 이 마을은 야곱이 아들 요

10 윌리엄 E. 핍스, 『예수의 섹슈얼리티』, 이룸, 1996. 27쪽.

셉에게 준 땅에서 가까운 곳이며, 야곱의 우물이 거기에 있었다. 예수께서 길을 가시다가, 피로하셔서 우물가에 앉으셨다. 때는 오정쯤이었다. 한 사마리아 여자가 물을 길으러 나왔다. 예수께서 그 여자에게 마실 물을 좀 달라고 말씀하셨다. 제자들은 먹을 것을 사러 동네에 들어가서, 그 자리에 없었다.

사마리아 여자가 예수께 말하였다. "선생님은 유대 사람인데, 어떻게 사마리아 여자인 나에게 물을 달라고 하십니까?" (유대 사람은 사마리아 사람과 상종하지 않기 때문이다.)

예수께서 그 여자에게 대답하셨다. "네가 하느님의 선물을 알고, 또 너에게 물을 달라는 사람이 누구인지를 알았더라면, 도리어 네가 그에게 청하였을 것이고, 그는 너에게 생수를 주었을 것이다." 여자가 말하였다. "선생님, 선생님에게는 두레박도 없고, 이 우물은 깊은데, 선생님은 어디에서 생수를 구하신다는 말입니까? 선생님이 우리 조상 야곱보다 더 위대하신 분이라는 말입니까? 그는 우리에게 이 우물을 주었고, 그와 그 자녀들과 그 가축까지, 다 이 우물의 물을 마셨습니다." 예수께서 말씀하셨다. "이 물을 마시는 사람은 다시 목마를 것이다. 그러나 내가 주는 물을 마시는 사람은, 영원히 목마르지 아니할 것이다. 내가 주는 물은, 그 사람 속에서, 영생에 이르게 하는 샘물이 될 것이다." 그 여자가 말하였다. "선생님, 그 물을 나에게 주셔서, 내가 목마르지도 않고, 또 물을 길으러 여기까지 나오지도 않게 해주십시오."

(……) 이 때에 제자들이 돌아와서, 예수께서 그 여자와 말씀을 나누시는 것을 보고 놀랐다. 그러나 예수께 "웬일이십니까?" 하거나, "어찌하여 이 여자와 말씀을 나누고 계십니까?" 하고 묻는 사람이 한 사람도 없었다.

위의 구절에서 보통 물은 '다시 목마르게 하지만' 예수의 말은

'영생에 이르게 하는 샘물'이라는 종교적 메시지에 주목하지 말기를. 제가 보기에 더 중요한 것은 유대인 예수가 우물가에 나타난 낯선 사마리아 여인에게 자연스럽게 물을 청하고 있다는 점이 더욱 중요합니다. 더 놀라운 점은 위의 구절이 기록된 대로 유대 사람은 사마리아 사람과 상종도 하지 않는 것이 당연시되는 시점에 예수가 말을 건 것입니다. 다시 말해 종교적 금기를 어긴 것이지요. 그러니까 예수는 종교적 금기를 너무도 자연스럽게 어기고, 게다가 낯선 여인에게 작업(?)을 걸고 있습니다.

여인과 예수 사이에는 어떠한 걸림돌도 없고 오히려 놀라는 것은 여인이지요. '저 남자는 어떤 양반이기에 나에게 말을 거나?' 싶었을 겁니다. 길어서 인용하지는 않았지만, 물 한 잔 달라는 이야기에서 시작하여 영생을 이야기하더니 급기야는 여인의 남편 이야기까지 오고 갑니다. 첫 만남에서 남의 가정사까지 소소하게 이야기하는 것은 보통 남자가 할 짓은 아닙니다. 여성화된 예수! 제자들이 돌아와 이 둘이 대화하는 모습을 보고 놀라는 것은 너무도 당연한 것이지요. 제자들이 차마 묻지는 않았지만, 예수와 여인의 대화 장면은 참으로 참담한 것이었을 겁니다. 예수의 파격은 어디까지일까요?

예수는 여성을 만나는 데 어떠한 장애도 느끼지 않을 뿐더러, 그들과 마음으로 소통합니다. 가장 대표적인 일화가 바로 혈루병을 앓는 여인 이야긴데요. 내용은 이렇습니다.

혈루병을 앓는 여인의 이야기 (마가복음 5 : 25~34)

열두 해 동안 혈루증을 앓아 온 여자가 있었다. 여러 의사에게 보이면서, 고생도 많이 하고, 재산도 다 없앴으나, 아무 효력이 없었고, 상태는 더 악화되었다. 이 여자가 예수의 소문을 듣고서, 뒤에서 무리 가운데로 끼어 들어와서는, 예수의 옷에 손을 대었다. (그 여자는 "내가 그의 옷에 손을 대기만 하여도 나을 터인데!" 하고 생각하고 있었던 것이다.) 그래서 곧 출혈의 근원이 마르니, 그 여자는 몸이 나은 것을 느꼈다.

예수께서는 곧 자기에게서 능력이 나간 것을 몸으로 느끼시고, 무리 가운데서 돌아서서 "누가 내 옷에 손을 대었느냐?" 하고 물으셨다. 제자들이 예수께 "무리가 선생님을 에워싸고 떠밀고 있는데, 누가 손을 대었느냐고 물으십니까?" 하고 반문하였다. 그러나 예수께서는 그렇게 한 여자를 보려고 둘러보셨다. 그 여자는 자기에게 일어난 일을 알므로, 두려워하여 떨면서, 예수께로 나아와 엎드려서 사실대로 다 말하였다. 그러자 예수께서 그 여자에게 말씀하셨다. "딸아, 네 믿음이 너를 구원하였다. 안심하고 가거라. 그리고 이 병에서 벗어나서 건강하여라."

수많은 사람들이 에워싸고 떠밀고 있어도 한 여인의 손길을 느낄 수 있을 정도의 감수성이면 정말 초강력 감수성이 아닌가요. 동정(同情)이라는 말이 있지요. 영어로는 심퍼시(sympathy)인데요. '함께'라는 의미를 가진 접두어 심(sym)과 연민의 정을 자아내는 힘을 뜻하는 파토스(pathos)가 합쳐진 말이에요. 보통 공감(共感)으로 번역하기도 하지요. 기타를 칠 때에 같은 음의 현들이 동시에 울리는 것처럼, 마음과 마음에 통할 때, 이어질 때, 우리는 공감대를 형성할 수 있습니다. 예수는 열 두 해 동안 혈루병을 앓아온 여인의 마음을 가늠할 정도로 깊은 공감대를 형성할 수 있는 마음상태를 유지하고 있었던 것이지요.

더 놀라운 점은, 여인에게 예수가 전한 말입니다. "네 믿음이 너를 구원하였다. 안심하고 가거라. 그리고 이 병에서 벗어나 건강하여라." 반말조라서 공감하기 힘들다면 이렇게 풀어보겠습니다. "여인이여. 당신의 병이 나은 것은 내 능력 때문에 아니라 그대의 믿음 때문입니다. 그러니 나에게 빚졌다고 생각하지 마세요. 저는 아무것도 당신에게 요구하지 않을 겁니다. 이제 마음이 좀 편안해지셨나요? 가세요. 그리고 건강하게 사세요."

남성적 우월함으로 여인에게 다가가는 것이 아니라, 여성적 공감대로 여인에게 다가가고 있는 예수의 모습이 보이시나요? 예수가 이러한 상태에 도달할 수 있었던 것은 그가 하느님의 아들이기에 단박에 도달한 것이 아니라, 그의 전 생애를 통하여 훈련되고 각성된 것이라고 저는 믿습니다. 설거지 한 번 하고 티내는 것이 아니라, 여성으로 살아가기를 연습한 것이지요. 공감은 '타인-되기'의 자연스러운 결과입니다. 예수와 여인의 하모니는 이렇게 빛납니다.

간음한 여인의 이야기 (요한복음 8 : 3~11)

예수의 여성에 대한 애정은 정말 남다릅니다. 남성중심주의가 지배하는 유대교 사회에서는 거의 기적과 같은 존재라고 할 수 있어요. 남성과 여성에 대한 예수의 입장이 가장 극명하게 드러나는 것은 간음한 여인이 예수에게 끌려왔을 때입니다.

율법학자들과 바리새파 사람들이 간음을 하다가 잡힌 여자를 끌고 와서, 가운데 세워 놓고, 예수께 말하였다. "선생님, 이 여자가 간음을 하다가, 현장에서 잡혔습니다. 모세는 율법에, 이런 여자들을 돌로 쳐 죽이라고 우리에게 명령하였습니다. 그런데 선생님은 뭐라고 하시겠습니까?" 그들이 이렇게 말한 것은, 예수를 시험하여 고발할 구실을 찾으려는 속셈이었다. 그러나 예수께서는 몸을 굽혀서, 손가락으로 땅에 무엇인가를 쓰셨다. 그들이 다그쳐 물으니, 예수께서 몸을 일으켜, 그들에게 말씀하셨다. "너희 가운데서 죄가 없는 사람이 먼저 이 여자에게 돌을 던져라." 그리고는 다시 몸을 굽혀서, 땅에 무엇인가를 쓰셨다. 이 말씀을 들은 사람들은, 나이가 많은 이로부터 시작하여, 하나하나 떠나가고, 마침내 예수만 남았다. 그 여자는 그대로 서 있었다. 예수께서 몸을 일으키시고, 여자에게 말씀하셨다. "여자여, 사람들은 어디에 있느냐? 너를 정죄한 사람이 한 사람도 없느냐?" 여자가 대답하였다. "주님, 한 사람도 없습니다." 예수께서 말씀하셨다. "나도 너를 정죄하지 않는다. 가서, 이제부터 다시는 죄를 짓지 말아라."

예수를 주인공으로 하는 영화에서 항상 나오는 장면 중에 하나인데요, 극적 긴장감으로는 복음서에서 제일이지요. 평소 예수를 불편하게 생각했던 율법학자들과 바리새인들이 예수를 함정에 빠뜨리려고 난처한 상황을 연출합니다. 간음한 여인을 예수 앞에 끌고 온 거예요. 그리고는 예수에게 묻지요. 모세의 율법을 따를 것이냐, 여인을 살릴 것이냐? 모세의 율법을 따르면 여인은 죽어야

하고, 여인을 살리려면 모세의 율법을 어겨야 합니다. 당시에 모세의 율법은 유대인에게는 윤리의 절대적 기준이었습니다. 그런데 예수는 그들이 쳐놓은 그물망에 빠져들지 않아요. 전혀 다른 프레임으로 가장 근본적인 질문을 다시 그들에게 던지지요. "너희에게는 죄가 없느냐? 없다면 이 여인에게 돌을 던져라." 이 질문은 상황을 급반전시킵니다. '우월한 남성 vs 간음한 여인'의 프레임을 '죄인 남성 vs 죄인 여성'의 프레임으로 전환시킨 거예요.

이 질문이 던져지자, "나이가 많은 이로부터 시작하여, 하나하나 떠나"는 가장 극적인 장면이 연출됩니다. 상상해보십시오. 돌을 쥐고 있다가, 그 돌을 내려놓고 비겁하게 도망가는 남성들의 모습을요. 이 에피소드의 백미는 여인과 예수 외에는 아무도 남지 않은 거리에서 예수가 여인에게 던진 말입니다. "나도 당신을 정죄하지 않겠습니다."

예수도 죄를 따지지 않겠다는 말은—교회에서는 예수는 완벽히 죄가 없는 자이지만 여인을 정죄하지 않는 것으로 해석합니다— 예수 스스로도 죄인임을 고백하는 것이라고 생각합니다. 인간은 누구나 죄를 짓고 살아가는 숙명적 존재인데 그 존재를 처벌의 관점에서 바라보느냐, 공감의 관점에서 바라보느냐는 정말 다른 결과를 낳습니다. 남성과 여성의 대립이 아니라, 의인과 죄인의 구별이 아니라, 모두가 죄인임을 인정하는 것, 그 속에서 함께 살 수 있는 지혜를 찾아가는 것이 예수의 휴머니즘이라고 저는 생각합니다.

3

한편 예수는 여성을 집안일이나 돌보는 사람으로만 보지 않았습니다. 자신과 더불어 함께 하느님 나라를 만들어갈 동반자로 보았지요. 그 나라를 만들기 위해서는 밥 먹는 일상사도 중요하지만 자신과 더불어 비전을 공유하는 것이 더욱 중요했습니다.

마르다와 마리아 (누가복음 10 : 38~42)

예수를 따르는 여인 중에서 마르다와 마리아가 있었는데요, 이두 여인의 행동에 대해 예수가 어떠한 태도를 취하는지 한번 보십시오.

그들이 길을 가다가, 예수께서 어떤 마을에 들어가셨다. 마르다라고 하는 여자가 예수를 자기 집으로 모셔 들였다. 이 여자에게 마리아라고 하는 동생이 있었는데, 마리아는 주님의 발 곁에 앉아서 말씀을 듣고 있었다. 그러나 마르다는 여러 가지 접대하는 일로 분주하였다. 그래서 마르다가 예수께 와서 말하였다. "주님, 내 동생이 나 혼자 일하게 두는 것을 아무렇지 않게 생각하십니까? 가서 거들어 주라고 내 동생에게 말씀해 주십시오." 그러나 주님께서는 마르다에게 대답하셨다. "마르다야, 마르다야, 너는 많은 일로 염려하며 들떠 있다. 그러나 주님의 일은 많지 않거나 하나뿐이다. 마리아는 좋은 몫을 택하였다. 그러니 아무도 그것을 그에게서 빼앗지 못할 것이다."

예수를 접대하느라 정신없는 마르다와 예수 곁에서 예수의 이야기를 듣는 마리아. 접대하는 언니의 관점에서는 마리아는 영락없이 눈치 없는 사람입니다. 마르다는 그 꼴이 보기 싫었는지 예수 앞에서 노골적으로 불평을 토로합니다. 그런데 예수의 대응을 보십시오. 도리어 마르다에게 너무 정신없이 살지 말라고 충고하고 있습니다. 마리아는 좋은 몫을 택했다고 칭찬하면서요.

손님을 접대하는 방법은 손님이 원하는 것을 해주는 거겠지요. 예수가 원하는 것은 분주한 대접이 아니라 차분한 경청임을 알 수 있습니다. 산해진미라는 형식은 소박하고 진실한 대화를 담기에는 역부족입니다. 물론 마르다는 자신의 방식으로 예수에게 최선을 다하고 있지만, 예수가 정작 원하는 것은 성대한 접대가 아니라, 자신과 뜻을 같이할 동지의 확인이었어요. 많은 일에 분주하다보면 정작 중요한 것을 놓치고 맙니다. 다(多) vs 일(一)! 하나를 놓쳐버린 많음은 얼마나 허망합니까.

탕자의 비유 (누가복음 15 : 11~32)

예수 운동의 핵심은 바로 하느님 나라를 이 땅에 세우는 것이었습니다. 그런데 예수의 하느님은 다른 유대인들의 하느님과 너무도 달랐어요. 다른 유대인들에게 하느님은 모든 것을 다스리고, 모든 것 위에 군림하는 왕에 가깝습니다. 잘잘못을 가리고, 그에 합당한 상벌을 가하고, 절대권력을 행사하면서 인간 위에 군림하는 '군주적 모델'에 가깝지요. 법의 수여자이며 심판자로서의 하느님! 하지만 예수의 하느님은 '여성적 모델'입니다.

그리고 예수의 하느님 이미지를 가장 극명하게 반영하는 것이 '탕자의 비유'에 나오는 아버지 상인데 조금 길지만 본문을 읽어보겠습니다.

예수께서 말씀하셨다. "어떤 사람에게 아들이 둘 있는데 작은 아들이 아버지에게 말하기를 '아버지, 재산 가운데서 내게 돌아올 몫을 내게 주십시오' 하였다. 그래서 아버지는 살림을 두 아들에게 나누어 주었다. 며칠 뒤에 작은 아들은 제 것을 다 챙겨서 먼 지방으로 가서, 거기서 방탕하게 살면서, 그 재산을 낭비하였다. 그가 모든 것을 탕진했을 때에, 그 지방에 크게 흉년이 들어서, 그는 아주 궁핍하게 되었다. 그래서 그는 그 지방의 주민 가운데 한 사람을 찾아가서, 몸을 의탁하였다. 그 사람은 그를 들로 보내서 돼지를 치게 하였다. 그는 돼지가 먹는 쥐엄 열매라도 좀 먹고 배를 채우고 싶은 심정이었으나, 그에게 먹을 것을 주는 사람이 없었다. 그제서야 그는 제정신이 들어서, 이렇게 말하였다. '내 아버지의 그 많은 품꾼들에게는 먹을 것이 남아도는데, 나는 여기서 굶어 죽는구나. 내가 일어나 아버지에게 돌아가서, 이렇게 말씀드려야 하겠다. 아버지, 내가 하늘과 아버지 앞에 죄를 지었습니다. 나는 더 이상 아버지의 아들이라고 불릴 자격이 없으니, 나를 품꾼의 하나로 삼아 주십시오.'

그는 일어나서, 아버지에게로 갔다. 그가 아직도 먼 거리에 있는데, 그의 아버지가 그를 보고 측은히 여겨서, 달려가 그의 목을 껴안고, 입을 맞추었다. 아들이 아버지에게 말하였다. '아버지, 내가 하늘과 아버지 앞에 죄를 지었습니다. 이제부터 나는 아버지의 아들이라고 불릴 자격이 없습니다. (나를 품꾼의 하나로 삼아 주십시오)'

그러나 아버지는 종들에게 말하였다. '어서, 가장 좋은 옷을 꺼내서, 그에게 입히고, 손에 반지를 끼우고, 발에 신을 신겨라. 그리고 살진 송아지를 끌어내다가 잡아라. 우리가 먹고 즐기자. 나의 이 아들은 죽었다가 살아났고, 내가 잃었다가 되찾았다.' 그래서 그들은 잔치를 벌였다.

그런데 큰 아들이 밭에 있다가 돌아오는데, 집에 가까이 이르렀을 때에, 음악 소리와 춤추면서 노는 소리를 듣고, 종 하나를 불러서, 무슨 일인지를 물어 보았다. 종이 그에게 말하였다. '아우님이 집에 돌아왔습니다. 건강한 몸으로 돌아온 것을 반겨서, 주인어른께서 살진 송아지를 잡으셨습니다.' 큰 아들은 화가 나서, 집으로 들어가려고 하지 않았다. 아버지가 나와서 그를 달랬다. 그러나 그는 아버지에게 대답하였다. '나는 이렇게 여러 해를 두고 아버지를 섬기고 있고, 아버지의 명령을 한 번도 어긴 일이 없는데, 나에게는 친구들과 함께 즐기라고, 염소 새끼 한 마리도 주신 일이 없습니다. 그런데 창녀들과 어울려서 아버지의 재산을 다 삼켜버린 이 아들이 오니까, 그를 위해서는 살진 송아지를 잡으셨습니다.' 아버지가 그에게 말하였다. '얘야, 너는 늘 나와 함께 있으니 내가 가진 모든 것은 다 네 것이다. 그런데 너의 이 아우는 죽었다가 살아났고, 내가 잃었다가 되찾았으니, 즐기며 기뻐하는 것이 마땅하다.'"

몇 가지 상식적으로 확인해야 할 사항이 있어요. 첫째, 지금도 부모가 자식에게 재산을 상속하게 되면 부모로서의 권한은 거의 상실한 것이나 마찬가지지요. 농경사회에서 효(孝)가 유지될 수 있었던 것은 바로 재산상속권과 밀접한 관계가 있습니다. 당시 유대인 사회에서는 두말할 것도 없었지요. 아버지의 권한은 절대적인 재산권의 행사에 있었습니다. 그러니까 유대인들은 자신이 죽기

전에는 결코 재산을 자식에게 물려주지 않았습니다. 그런데 '탕자
의 비유'에서는 아버지가 작은아들의 요구에 따라 재산을 나눠줍
니다. 당시의 아버지 상과는 전혀 다른 아버지의 등장이지요. 자
식 위에 군림하는 아버지가 아니라 자식의 요구를 들어주는 아버
지! 부권의 포기!

둘째, 작은아들이 재산을 탕진하고 돌아왔을 때, 유대인의 아버
지라면 그를 마지못해 받아들일지언정 결코 잔치를 베풀지는 않
습니다. 잔치는 잘못한 자식에게 베푸는 것은 아니니까요. 그런데
'탕자의 비유'에 나오는 아버지는 돌아온 아들에게 잔치를 베풀어
줍니다. 큰아들이 보기에도 너무나 어처구니 없는 사태가 아닐 수
없습니다. 큰아들의 불평불만은 너무도 당연한 것이지요. 심판하
는 아버지가 아니라 무조건적 사랑으로 자식을 수용하는 아버지
는 상식에서 벗어나도 너무도 벗어난 아버지의 이미지입니다.

저는 '탕자의 비유'에 나타난 아버지의 이미지가 예수가 그린 하
느님의 이미지라고 생각해요. 권력을 통해 법을 세우고 집행하는
군주로서의 아버지가 아니라, 사랑을 통해 모든 것을 나눠주고 조
건 없이 수용하는 어머니 같은 아버지! 그래서 그를 만날 때 두려
워 떨며 고개를 숙이고 만나야하는 존재가 아니라, '아빠(abba)'라
부르며 언제든지 웃으며 만날 수 있는 존재! 권력자의 관점에서 보
자면 한없이 무력하고 권위를 상실한 하느님이지만, 민중의 관점
에서 보자면 한없이 자애롭고 모든 것을 용서하는 하느님이지요.

유대인 사회에서 예수의 신관은 거의 독보적 차원이라 할 수 있습니다. 신관의 차이는 윤리관의 차이를 낳고, 정치, 경제, 사회, 문화적인 관점의 차이를 낳습니다. 예수가 당대 민중에게 절대적 환호를 받은 반면, 당대의 권력자나 지식인들에게 절대적 증오의 대상이 된 것은 어찌 보면 너무도 당연한 결과가 아닐 수 없습니다. 격하게 결론을 내리자면, 예수의 여성성이 예수의 전생애를 관통하고 있으며, 예수는 바로 그 여성성 때문에 죽임을 당한 것입니다. 당대 이스라엘의 지식인이나 권력자들에게는 너무도 낯설고 두려운 새로운 신성(神性)이자, 인간성(人間性)을 예수가 담고 있었으니까요. 우리의 가슴 속에는 어떠한 하느님이 있을까요? 마커스 보그의 말마따나,

"하느님에 대한 당신의 이미지를 내게 말해 주세요.
그러면 당신의 신학을 내가 당신에게 말해 줄게요."[11]

---

11 마커스 보그, 『새로 만난 하느님』, 한국기독교연구소, 2001. 99쪽에 나오는 문장을 어투를 바꾸어 인용했음.

농부 예수

"그러면 너희는 나를 누구라고 하느냐?"

___마태복음 16:15

1

예수는 누구일까요? 기독교에서는 그를 '하느님의 아들'이며 '그리스도'라고 말합니다. '그리스도'는 그리스어이고, 히브리어로는 '메시아'라고 하지요. 둘 다 '기름 부음을 받은 사람'이란 뜻으로 왕이나 구원자를 달리 부르는 호칭입니다. 이러한 예수의 정의는 예수 사후에 기독교가 형성되면서 정통교리로 정착합니다. 그러면 예수 당시에 사람들은 예수를 누구라 여겼을까요? 이에 대해서 마태복음은 이렇게 기록합니다.

> 예수께서 빌립보의 가이사랴 지방에 이르러서, 제자들에게 물으셨다. "사람들이 인자를 누구라고 하느냐?"
>
> 제자들이 대답하였다. "세례자 요한이라고 하는 사람들도 있고, 엘리야라고 하는 사람들도 있고, 예레미야나 예언자들 가운데에 한 분이라고 하는 사람들도 있습니다."
>
> 예수께서 그들에게 물으셨다. "그러면 너희는 나를 누구라고 하느냐?"
>
> 시몬 베드로가 대답하였다. "선생님은 살아 계신 하느님의 아들 그리스도십니다."
>
> ____마태복음 16 : 13~16

본문만 보더라도 의견이 분분합니다. 우선 예수는 자신을 '인자(人子, 사람의 자식)'이라 칭합니다. 불교에서 부처는 자신을 '여래(如來, 이와 같이 온 자)'라 즐겨 칭하지요. 다른 사람들은 예수를 '세례 요한'으로 보기도 합니다. 죽은 요한이 부활한 것으로 본 것인데, 당대에는 부활신앙이 보편적이었다는 것을 알 수 있습니다.

이 부활신앙은 유대인의 고유한 것이 아니었습니다. 그들이 이집트나 바빌로니아로 포로로 잡혀갔을 때, 이집트나 바빌로니아의 신앙이 유대인에게 녹아들어갔다고 볼 수 있습니다. 예수 당시에는 지배 종교세력이었던 사두개인들을 제외하고는 바리새인뿐만 아니라 유대인 민중들도 부활신앙을 가지고 있었습니다. 어찌보면 인도인들의 윤회신앙처럼 유대인에게 부활신앙이 있었던 것은 자연스러운 것이라 볼 수 있는데 윤회나 부활은 현세의 억울함을 해소하고, 내세의 가능성을 타진할 수 있는 자연스러운 신앙형태였을 겁니다.

어떤 사람들은 예수에게서 엘리야나 예레미야 같은 예언자를 보았습니다. 이로 미루어보아, 예수 당대의 신앙은 예언자적 전통을 잇고 있다고 보아도 될 것 같습니다. 예언자적 전통은 성직자들의 전통과는 다른 라인을 그립니다. 성직자의 전통이 지배계급의 이해관계와 관련을 맺고 있다면, 예언자적 전통은 민중의 이해관계와 관련을 맺고 있다고 보아도 되는데 예수 당시의 민중들은 예수에게서 바로 그러한 예언자의 모습을 본 것입니다.

그 다음에 베드로의 고백이 등장하는데 전형적인 기독교인의 대답입니다. 이후 베드로의 행적을 살펴보면—그는 심지어 자신의 스승인 예수를 세 번 부인하지요— 현장의 고백이라기보다는 후대에 베드로의 권위를 세우기 위해서 삽입해놓은 것이라는 생각을 지울 수 없습니다. 그런 차원에서 다시 접근해보면, 이 고백은 베드로 1인의 고백이 아니라, 기독교가 종교로 형성되고 나서 집단적으로 고백된 것을 베드로의 입을 통해 표현된 것이라고 보는 것이 오히려 적절할 것 같습니다.

2

여기서는 신앙으로 고백된 예수를 탐구하는 것이 목적이 아니니, 예수가 살았던 당시 1세기로 돌아가 보는 것이 좋을 것 같습니다. 예수의 직업은 무엇이었을까요? 복음서에는 이에 대한 단서가 있습니다. 예수가 고향인 나사렛으로 갔는데 여기서 동향인들은 예수를 보고 이렇게 반응합니다.

> "이 사람은 마리아의 아들 목수가 아닌가? 그는 야고보와 요셉과 유다와 시몬의 형이 아닌가? 또 그의 누이들은 모두 우리와 같이 여기에 살고 있지 않은가?" 그러면서 그들은 예수를 달갑지 않게 여겼다.
>
> ____마가복음 6 : 3

> "이 사람은 목수의 아들이 아닌가? 그의 어머니는 마리아이고, 그의 아우들은 야고보와 요셉과 시몬과 유다가 아닌가? 또 그의 누이들은 모두 우리와 같이 살고 있지 않은가? 그런데 이 사람이 이 모든 것을 어디에서 얻었을까?"
>
> ____마태복음 13 : 55~56

마태복음은 마가복음보다 더 구체적인 진술을 하고 있는데, 여기서 우리는 몇 가지 정보를 얻을 수 있습니다. 첫째, 예수 집안은 최소한 남자 형제 네 명, 누이 몇이 있었다는 점. 그러니까 마리아는 예수뿐만 아니라 남편 요셉에게서 많은 자녀를 낳았다는 것을 알 수 있습니다. 우리의 관점으로는 아무런 문제가 되지 않겠지만, 예수의 어머니 마리아를 동정녀로 여기는 종교에 입장에서는 참으로 곤혹스러운 문제가 아닐 수 없습니다. 둘째, 그의 아버지 요셉의 직업이 목수였다는 점이지요. 예수는 아버지의 직업을 이어받아 목수가 되었을까요?(마가복음의 관점) 아니면 그냥 목수의 아들일까요?(마태복음의 관점) 셋째, 가족의 이름을 거명하면서 어머니 마리아의 이름만이 나오는 것으로 보아서는 아버지인 요셉이 일찍 죽었음을 알 수 있습니다. 만약에 예수가 맏아들이었다면—복음서에 따르면 그럴 가능성이 높은데— 맏아들이 가족을 돌보았을 가능성이 높습니다. 그럼 예수는 무엇으로 가족을 부양했을까요?

'역사적 예수' 연구의 대가 크로산에 따르면, 목수를 뜻하는 '테크톤(tekton)'은 손으로 일해서 먹고사는 육체노동자 일반을 나타내는 말로, 사회구성원에서 하류층에 속해 있는 사람을 일컫는 용어였습니다. 주로 대다수를 차지하는 농민과 천민 계층 사이에 위태로운 자리를 차지하고 있었지요. 그들은 오늘날로 말하면 건축업에 종사하는 전문가라기보다는 먹고 살기 위해 무슨 일이든지 해야만 하는 막일꾼, 날품팔이에 가깝다고 보면 됩니다.

크로산의 접근방식을 교차−문화적 인류학이라고 하는데, 신학적 관점이 아니라 예수가 살았던 당시의 로마나 이스라엘의 사회

경제적 제도와 문화, 인구의 분포나 지위와 역할 등을 인류학적으로 종합하여 접근하는 것입니다. 이러한 관점에 따르면, "예수 시대의 유대 민족의 95%에서 97%가 문맹이었기 때문에 예수도 역시 문맹이었다는 것, 그리고 그는 구전 문화(oral culture)에 속했던 당시 대다수의 사람들과 마찬가지로 그의 전통의 근원적인 설화들과 기본적인 이야기들, 그리고 일반적인 소망들을 알고 있었을 뿐 정확한 성경 본문이라든가 명확한 인용문, 그 시대의 서기관 엘리트들의 난해한 논증들은 전혀 알지 못했다고 생각하는 것이 옳은 것이다."[12]라는 입장에 도달합니다.

예수가 문맹이었다는 것은 사실이 아닐지 몰라도, 적어도 예수를 따르던 많은 민중은 문맹이었음이 분명하고, 예수의 사회적 지위나 경제적 상태가 하층민의 그것과 별다름 없었다는 사실은 예수를 이해하는 데 많은 영감을 제공합니다.

3

예수의 비유 중 많은 부분이 왜 민중들에게 친숙한 소재로 이야기되었는지, 예수가 성경의 일부분을 인용하기보다는 생활 속에서

---

2 존 도미닉 크로산, 『예수 : 사회적 혁명가의 전기』, 김기철 옮김, 한국기독교연구소, 2001. 59~60쪽.

일어나는 이야기를 통해 자신의 신학을 구성했는지, 무엇보다 어떻게 예수가 하층민의 생활을 그토록 생생하게 이야기할 수 있었는지 알 수 있습니다. 그것은 다름 아닌 예수 자신이 농민이자, 목수이자, 목동이자, 날품팔이꾼이었기 때문입니다.

그러면 이제 농부 예수의 생생한 비유를 한번 들어보겠습니다.

씨뿌리는 자의 비유

예수께서 비유로 여러 가지를 가르치셨는데, 가르치시면서 그들에게 이렇게 말씀하셨다.

"잘 들어라. 씨를 뿌리는 사람이 씨를 뿌리러 나갔다. 그가 씨를 뿌리는데, 더러는 길가에 떨어지니, 새들이 와서 그것을 쪼아먹었다. 또 더러는 흙이 많지 않은 돌짝밭에 떨어지니, 흙이 깊지 않으므로 싹은 곧 나왔지만, 해가 뜨자 타버리고, 뿌리가 없어서 말라 버렸다. 또 더러는 가시덤불 속에 떨어지니, 가시덤불이 자라 그 기운을 막아 버려서, 열매를 맺지 못하였다. 그런데 더러는 좋은 땅에 떨어져서, 싹이 나고, 자라서, 열매를 맺었다. 그리하여 삼십 배, 육십 배, 백 배가 되었다."

예수께서 덧붙여서 말씀하셨다. "들을 귀가 있는 사람은 들어라."

_____마가복음 4 : 2~9

물론 이 이야기는 비유이기 때문에, 말 그대로 당시 농부의 씨뿌리기를 그대로 반영하는 것이라고 볼 수는 없습니다. 이러한 씨뿌리기는 그야말로 흩뿌리기에 해당하는데, 씨를 뿌리는 방법은 지정한 장소를 파고 씨를 뿌리는 점뿌리기와 줄을 파고 줄을 따라 뿌리는 줄뿌리기와 그냥 대충 흩어 뿌리는 흩뿌리기로 나눌 수 있지요. 흩뿌리기의 방법은 씨의 생명력이 높고, 대량으로 생산할 수 있는 작물의 경우에만 해당하는데, 예를 들면 곡물로는 밀이나 보리, 채소로는 시금치나 아욱 같은 경우가 흩뿌리기를 하는 씨앗입니다. 하지만 이러한 씨뿌리기라 하더라도 아무데나 막 뿌리는 것이 아니라 잘 경작된 밭에 뿌리는 것이기 때문에, 아무데나 막 뿌려대는 것은 농사의 초보도 하지 않는 방법입니다.

그러면 위의 비유는 예수가 농사에 대해 무지하다는 증거일까요? 그것은 아닙니다. 예수의 이야기를 듣는 사람들 역시 기본적으로 농사를 지어서 먹고사는 하층민임을 고려할 때, 예수의 비유는 씨에 있지 않다는 것을 알 수 있습니다. 씨가 아니라면 무엇일까요? 바로 밭입니다. '좋은 땅'에 씨를 뿌려야 많은 열매는 맺는 것은 상식 중의 상식! 그리고 농사꾼이라면 당연히 씨를 뿌리기에 앞서 밭 만들기를 해야 하는 것 또한 상식 중의 상식입니다. 밭을 만들지 않으면 수확량이 신통치 않습니다.

그러면 진짜로 예수가 하고 싶었던 이야기는 무엇이었을까요? 아마도 "아무리 좋은 씨앗이라 할지라도, 옥토를 만나야 많은 열매를 맺을 수 있는 것처럼, 아무리 좋은 말이라 할지라도 그 말을 받아들이는 사람의 마음밭이 거칠다면 그 말의 효과는 거의 없다, 그러니 내 말을 똑바로 알아듣기 위해서는 좀 정신을 차려라!" 이런 것 아닐까요? 그것이 압축적으로 표현된 문장이 인용구의 마지막인, "들을 귀가 있는 사람은 들어라"가 아닐까요?

도시농업을 하면서 깨달은 것인데요, 도시인들은 최종상품만 소비할 줄 알았지 정작 자신이 먹는 곡물이나 채소가 어떻게 생산되고 유통되는지 전혀 모르는 경우가 많습니다. 저도 처음에는 밭에서 자라는 작물의 특성을 전혀 몰랐을 뿐 아니라, 작물의 종류도 구분할 수 없었습니다. 아무 때나 아무 곳에나 심으면 되는 줄 알았습니다. 소위 지식인이라 자부하던 저였지만, 농사를 시작하면서 제가 얼마나 얼뜨기였는지 절실히 알게 된 것입니다.

농사에 관한 한 제가 문맹이나 마찬가지였던 것처럼, 당시에 예수를 감시하고 비판하기 위해 따라다녔던 지식인들도 예수의 비유를 못 알아들었던 것은 아닐까요? 그렇다면 이런 상상도 가능할 겁니다. 예수의 이야기나 비유는 당대의 하층민은 쉽게 알아들을 수 있었지만, 자신의 지식 안에 사로 잡혀 있었던 종교 지도자들이나 권력자들은 알아들을 수 있는 말이 아니었을 겁니다. 귀는 있으나 전혀 알아듣지 못하고, 하층민들만 알아들을 수 있는 암호 같은.

날씨 이야기

바리새파 사람들과 사두개파 사람들이 와서, 예수를 시험하느라고, 하늘로부터 내리는 표징을 자기들에게 보여 달라고 요청하였다. 예수께서 그들에게 말씀하셨다. "너희는 저녁때에는 '하늘이 붉은 것을 보니 내일은 날씨가 맑겠구나' 하고, 아침에는 '하늘이 붉고 흐린 것을 보니 오늘은 날씨가 궂겠구나' 한다. 너희는 하늘의 징조는 분별할 줄 알면서, 시대의 징조들은 분별하지 못하느냐?"

_____마태복음 16 : 1~3

농부는 때를 잘 압니다. 우리나라 농부들은 1년을 24절기로 나누고, 각 절기마다 무슨 일을 해야하는지 잘 알지요. 뿐만 아니라 하늘을 보면 내일 날씨를 예측할 수 있고, 겨울의 날씨로 여름철의 농사를 가늠할 수 있습니다. 예를 들어 겨울철에 춥지 않으면 땅속에 있는 해충들이 죽지 않아 여름철에 벌레가 기승을 부리고, 여름 농사를 망치기 십상이지요. 날씨를 아는 것이야말로 농사의 가장 기본이라 할 수 있습니다. 어찌 보면 날씨에 대한 지혜는 인류가 농사를 짓고 나면서부터 생겨난 것일지 모릅니다. 예수 또한 날씨에 대한 비유를 통해 그가 농부임을 보여줍니다.

겨자씨와 누룩의 비유

예수께서 또 다른 비유를 들어서, 그들에게 말씀하셨다. "하늘나라는 겨자씨와 같다. 어떤 사람이 그것을 가져다가, 자기 밭에 심었다. 겨자씨는 어떤 씨보다 더 작은 것이지만, 자라면 어떤 풀보다 더 커져서 나무가 된다. 그리하여 공중의 새들이 와서, 그 가지에 깃들인다."

예수께서 또 다른 비유를 그들에게 말씀하셨다. "하늘나라는 누룩과 같다. 어떤 여자가 그것을 가져다가, 가루 서 말 속에 살짝 섞어 넣으니, 마침내 온통 부풀어 올랐다."

_____마태복음 13 : 31~33

겨자씨는 예수가 하늘나라를 비유하기 위해 들었던 대표적 소재입니다. 당시 유대인에게 하늘나라(또는 하느님 나라)는 다윗이나 솔로몬과 같은 위대한 왕이 다스리는 나라이거나 상징적으로는 백양목과 같은 우뚝 솟은 교목을 들었습니다. 겨자씨와 같이 아주 작고 초라한 것은 결코 하늘나라의 비유 소재로 사용되지 않았지요. 그런데 예수는 하늘나라를 비유하며 과감하게 겨자씨의 예를 듭니다. 겨자씨에서 자라난 겨자나무는 그 크기가 커다란 나무에 비해 작고 보잘 것 없어 보이지만 공중에 새들이 그 나무에 깃들만큼의 크기로 자랍니다.

한 걸음 더 나아가 예수는 하늘나라를 누룩과 같다고 말합니다. 유대인에게 누룩은 '부패와 부정'을 상징하는 소재이지요. 그래서 그들은 축제일에 먹는 빵에는 결코 누룩을 넣지 않습니다. 하지만 누룩은 먹을 것이 없는 서민에게는 더할 나위 없는 요리의 재료입니다. 누룩은 발효를 도와 빵을 부풀리거든요. 작은 빵에 누룩을 넣으면 그 빵이 부풀어 올라 많은 사람이 먹을 수 있게 되는 거지요. 이 모든 소재들은 농사와 살림을 알았던 예수였기에 가능한 소재들인 셈입니다.

조금만 더 확대해서 해석해보자면, 예수가 그리는 하늘나라는 죽으면 가는 내세(來世)가 아니며, 위대한 자가 다스리는 지상의 나라도 아님을 알 수 있습니다. 그것은 지금 여기에 살고 있는 민중들이 세울 수 있고 세워야하는 나라가 되는 셈이지요. 위대한 자에 의해 다스려지는 나라가 아니라 농부 스스로 만들어 가는 나라! 예수의 천국은 바로 농부들이 꿈꾸는 나라입니다.

평등한 나라

농부가 꿈꾸는 나라는 차별의 세상이 아니라 평등의 세상입니다. 그 평등의 아름다운 비전이 다음과 같은 비유에 멋지게 그려져요. 길지만 같이 읽어볼까요.

"하늘나라는 자기 포도원에서 일할 일꾼을 고용하려고 이른 아침에 집을 나선 어떤 포도원 주인과 같다. 그는 품삯을 하루에 한 데나리온(노동자의 하루 품삯)으로 일꾼들과 합의하고, 그들을 자기 포도원으로 보냈다. 그리고서 아홉 시쯤에 나가서 보니, 사람들이 장터에 빈둥거리며 서 있었다. 그는 그들에게 말하기를 '여러분도 포도원에 가서 일을 하시오. 적당한 품삯을 주겠소' 하였다. 그래서 그들이 일을 하러 떠났다. 주인이 다시 열두 시와 오후 세 시쯤에 나가서 그렇게 하였다. 오후 다섯 시쯤에 주인이 또 나가 보니, 아직도 빈둥거리고 있는 사람들이 있어서, 그들에게 '왜 당신들은 온종일 이렇게 하는 일 없이 빈둥거리고 있소?' 하고 물었다. 그들이 그에게 대답하기를 '아무도 우리에게 일을 시켜주지 않아서, 이러고 있습니다' 하였다. 그래서 그는 '당신들도 포도원에 가서 일을 하시오' 하고 말하였다. 저녁이 되니, 포도원 주인이 자기 관리인에게 말하기를 '일꾼들을 불러, 맨 나중에 온 사람들부터 시작하여, 맨 먼저 온 사람들에게까지, 품삯을 치르시오' 하였다. 오후 다섯 시쯤부터 일을 한 일꾼들이 와서, 한 데나리온씩 받았다. 그런데 맨 처음에 와서 일을 한 사람들은, 은근히 좀 더 받으려니 하고 생각하였는데, 그들도 한 데나리온씩 받았다. 그들은 받고 나서, 주인에게 투덜거리며 말하였다. '마지막에 온 이 사람들은 한 시간밖에 일하지 않았는데도, 찌는 더위 속에서 온종일 수고한 우리들과 똑같이 대우하였습니다.' 그러자 주인이 그들 가운데 한 사람에게 말하기를 '이보시오, 나는 당신을 부당하게 대한 것이 아니오. 당신은 나와 한 데나리온으로 합의하지 않았소? 당신의 품삯이나 받아 가지고 돌아가시오. 당신에게 주는 것과 꼭 같이 이 마지막 사람에게 주는 것이 내 뜻이오. 내 것을 가지고 내 뜻대로 할 수 없다는 말이오? 내가 후하기 때문에, 그것이 당신 눈에 거슬리오?' 하였다."

_____마태복음 20 : 1∼15

이번에 등장인물은 주인과 날품팔이입니다. 포도원에서 포도를 수확하는 데 일손이 많이 필요했나 봅니다. 아침 일찍 일꾼을 부르고, 뒤이어 오전 9시, 12시, 오후 3시, 5시에 거리에 나가 일꾼을 또 부릅니다. 저녁이 되어 일이 끝나자, 주인은 맨 마지막에 온 사람에게 한 데나리온(온전한 하루 품삯)을 줍니다. 그들보다 일찍 온 일꾼들은 그들보다는 더 받을 것을 예상했는데, 주인은 그들이 온 시간이나 일한 양과는 상관없이 모두 한 데나리온을 주지요. 그러자 아침 일찍부터 온 사람들이 불평을 합니다. 하지만 주인의 태도는 단호한데 모두에게 한 데나리온을 주는 것이 자신의 입장이라고 합니다.

노동량으로 노동의 가치를 따지는 사회에서는 너무도 부당한 대우가 아닐 수 없습니다. 게다가 하루의 노동량을 제대로 가늠하지 못해 다섯 번이나 거리로 나간 주인의 어리석음은 경영을 제대로 하지 못하는 사업가의 모습이라 할 수 있지요.

하지만 본문을 다시 한 번 주의 깊게 보세요. 주인은 일손이 부족하여 거리로 나선 것이 아닙니다. 주인이 거리로 나선 이유는 빈둥거리는 사람들이 거리에 있었기 때문입니다. 그들이 빈둥거리고 싶어 빈둥거린 것이 아니라 아무리 일하려고 해도 일할 수 있는 곳이 없어서 빈둥거렸던 겁니다. '빈둥거리다'는 말은 어쩌면 어울리지 않는 표현일지 모르겠습니다. 하루 벌어 하루 먹고 사는 날품팔이의 입장에서는 그날 벌지 못하면 굶게 되는 가족들 때문에 가슴이 타고 눈물이 쏟아질 지경이겠지요. 거리에서 하루 종일 일자리를 구하기 위해 돌아다니는 그들의 처지는 날품을 팔아본 사람만이 알 수 있을 겁니다.

일을 하고 싶어도 일자리가 없어서 못하고 거리를 서성거리는 사람들은 아마도 예수 당시에는 너무도 흔히 볼 수 있는 풍경이 아닐까 싶네요. 어쩌면 젊은 날 예수 또한 거기에 한 자리를 차지하고 있지는 않았을까요? 일찍이 아버지를 여의고 가족의 생계를 책임져야 했던 예수, 그러나 일하는 날보다 공치는 날이 더 많았던 예수의 모습이 떠오르지 않나요? 그렇게 하루 해가 저물고 빈손으로 집으로 돌아오며 어떤 생각을 했을까요? 하늘나라라면 이러한 가난과 불평등이 없어야 한다고 눈물을 흘리며 생각하지 않았을까요?

그렇다면 이 비유에서 주인은 바로 하느님이 됩니다. 능력과 노동량으로 사람을 판단하는 것이 아니라 생명과 자존으로 사람을 판단하는 자, 그가 마땅히 세상의 주인이 되어야 하지 않겠습니까?

농수산물 시장의 개방으로 농민의 삶은 더욱 팍팍해지고, 유전자 조작된 농산물들은 대책 없이 수입되고, 종자마저 외국 자본의 소유가 되어버린 오늘날, 한 나라의 근간이 되는 농업이야 어찌되든 말든 싼 물건만을 찾는 도시인들을 보면, 예수는 어떤 말을 할까요? 기업 팔아먹고 도망간 사주는 멀쩡하고, 불법으로 해고당한 노동자들만 죽음으로 내모는 이 비참한 현실은 또 어찌 볼까요? 권력은 농민과 노동자들을 보살피지 않고, 오히려 대기업과 자본의 하수인 노릇을 하느라 제정신을 차리지 못하는 현실은 또 어떤가요. 일하고 싶어도 일자리를 찾지 못해 거리를 헤매는 젊은이들에게 '아프니까 청춘이다'라고 흰소리를 해대는 기성세대를 보며 또 예수는 무슨 말을 할까요? 과연 우리는 어떤 세상에 살고 있는 걸까요? 질문으로 끝나는 문장들은 좋은 문장이 아니라는데, 왜 자꾸 질문만 늘어가는 걸까요? 한영애의 노랫말처럼 "잠자는 하느님이여, 이제 제발 일어나요"라고 외치고 싶은 요즘입니다.

하지만 분노를 삭이고 곰곰 생각해보면, 예수가 꿈꾸었던 하늘나라는 전능한 신이나 위대한 지도자에 의해 세워지는 것이 아니라, 가난하고 보잘 것 없는 농민과 노동자들이 만들어가야 하는 것임을 느끼고, 다시금 나의 삶으로부터 시작해야 한다고 다짐하게 됩니다. 그리고 마지막에 인용한 포도원의 이야기는 위대한 주인을 기다려야한다는 미래의 기대가 아니라, 능력과 작업량으로만 세상사를 평가하는 우리의 낡은 가치관을 뒤집어야 한다는 경고가 아닐까 싶습니다.

진정한 역사적 예수가 현대의 예수를

뒤집어엎는 것은 좋은 일이다

___알버트 슈바이처, 『역사적 예수 탐구』에서

1

예수의 메시지를 복음(福音)이라고 합니다. '복된 소리'라는 말이지요. 영어로는 가스펠(Gospel). 그렇다면 이렇게 추정할 수 있습니다. 예수의 메시지를 전해들은 사람은, 그 메시지가 자신에게 좋은 소식임을 감지했을 것이고 그 반응은 웃음이었을 것입니다. 이처럼 예수와 웃음은 친연성이 있습니다. 그런데 성서에는 예수가 울었다는 소식이 두 번 나오지만(누가복음 19:41, 요한복음 11:35), 예수가 웃었다는 소식은 한 번도 등장하지 않습니다. 왜 그랬을까요? 추정컨대, 웃음은 예수가 밥 먹는 것과 마찬가지로 일상사였기 때문입니다.

예수의 무리들은 세례 요한의 무리들과는 다른 삶을 살았습니다. 세례 요한은 광야에 거주하며 메뚜기와 야생꿀을 먹고 지냈습니다. 그의 기본적인 삶의 방식은 금욕이었습니다. 아마도 그를 따라 다니던 무리들도 같은 방식으로 살았을 것입니다. 세례 요한의 중심 메시지는 '회개'입니다. 회개(悔改)란 이전의 잘못된 삶을 뉘우치고 삶을 고치라는 말이지요. '잘못된 삶'을 웃으며 돌이킬 수는 없습니다. 자연스럽게 따르는 방식은 반성과 엄숙, 눈물과 슬픔입니다.

하지만 예수의 중심 메시지는 '천국'입니다. 천국은 마치 잔치와 같습니다. 울고 짜고 하는 것은 천국의 삶이 아닙니다. 예수를 따르는 무리들은 천국을 경험하는 삶을 살았습니다. 웃고 떠들며 마시기! 웃음과 기쁨이지요. 성서에 등장하는 예수의 삶을 추적해보면 먹고 마시는 일이 다반사입니다. 예수가 행했던 첫 번째 기적도 결혼 잔치 자리에서 물로 포도주를 만드는 것이었습니다. 보리떡 다섯 개와 물고기 두 마리로 오천 명을 먹인 기적 역시 잔치에 가깝습니다. '역사적 예수' 연구가 크로산은 세례 요한의 삶과 예수의 삶을 비교하며 이렇게 말했습니다. '금식하는 요한(fasting John)과 잔치하는 예수(feasting Jesus)'. 주제넘지만, 이 글의 주제에 맞게 달리 표현하면 '우는 요한(lamenting John)과 웃는 예수(laughing Jesus)'쯤 될 것입니다.

2

예수의 비유를 연구한 로버트 펑크(Robert Punk)의 저서 『예수에게 솔직히』(한국기독교연구소, 2006)에는 이런 구절이 나옵니다.

> "예수는 재담가(comic savant)였다. 그는 직관에서 우러나온 체제전복적 지식을 해학과 혼합시켰다. 이것은 마크 트웨인과 윌 로저스의 재능이기도 했는데, 이들 역시 재담가라 불릴 만하다. 재담가는 지성인이며 시인으로서 현명한 것이 무엇인지를 재정의하는 사람이다. 이것은 궁정 어릿광대의 역할로서, 왕에게 진실을 말하지만 그것을 농담(joke)으로 말하는 역할이다. 따라서 어릿광대는 자신들의 농담에 대해 제한된 범위에서나마 면책특권을 갖고 있었다. 새로운 진

리를 해학으로 포장하여 전달할 때 받아들이기가 훨씬 쉬워진다."
(242~243쪽)

"체제전복적 지식", "재정의", "농담", 예수만큼 이런 단어들에 알맞은 사람은 없다는 게 제 생각입니다만, 어쨌든 펑크의 『진짜 예수(*A Credible Jesus*)』라는 책에서는 예수를 심지어 '최초의 유대인 스탠딩 개그맨(The first standup Jewish comic)'이라고 평가하기도 했습니다.

복음서를 보면 예수를 따르는 무리들이 꽤 많았던 것으로 보입니다. 무리가 따라다니니 이야기하다가 밥 먹이고, 또 이야기하고 했을 겁니다. 많으면 삼 천에서 오 천 정도가 모였다고 전해집니다. (물론 숫자에는 과장이 있었겠지요. 로마 지배 하에서 그 정도 숫자가 모이면 분명 불법집회 혐의로 체포될 가능성이 높았으니까요.) 그런데 막상 무슨 이야기를 했나 싶어서 소리 내어 읽어보면 몇 분도 안 되는 이야기가 나옵니다. 당시에 녹음기나 실황을 중계할 카메라가 없으니 실지로 어떤 일들이 벌어졌고, 무슨 말이 오고갔는지는 알 수 없으나 실제로는 꽤 길고 많은 이야기가 전해졌을 겁니다. 그를 따르는 무리들의 대부분은 당대의 민중이나 소외계층이었으니 고급스런 철학적 대화가 나왔을 리는 만무합니다. 재미난 일화를 소개하거나, 일상적인 삶을 소재로 비유했을 겁니다. 그럼에도 그 많은 무리가 따라다닌 것을 보면, 짐작컨대 예수는 타고난 이야기꾼(storyteller)임에 틀림없습니다.

3

그 많은 이야기 중에서 개그 코드에 해당하는 것들을 찾아보겠습니다.

눈에는 눈으로?

"'눈은 눈으로, 이는 이로 갚아라' 하고 말한 것을 너희는 들었다. 그러나 나는 너희에게 말한다. 악한 사람에게 맞서지 말아라. 누가 네 오른쪽 뺨을 치거든, 왼쪽 뺨마저 돌려 대어라. 너를 걸어 고소하여 네 속옷을 가지려는 사람에게는, 겉옷까지도 내주어라. 누가 너더러 억지로 오 리를 가자고 하거든, 십 리를 같이 가 주어라.

_____마태복음 5 : 38~41

이 짧은 경구의 모음은 연속으로 진술된 것이 아니라는 짐작이 듭니다. 왜냐면 한 문장 한 문장이 엄청난 내용을 담고 있기 때문입니다. 하나하나 살펴보겠습니다.

우선 '눈은 눈으로, 이는 이로!'는 고대사회에 전형적으로 드러나는 대응원리인데 함무라비 법전의 정신과도 통합니다. 유대인들에게는 상식과도 같은 이 문장은 모세 오경에 여러 군데에서 반복적으로 확인할 수 있습니다. 출애굽기 21장 24절, 레위기 24장 20절, 신명기 19장 21절을 읽어보면 고대 율법은 이처럼 같은 양의 맞대응을 권장하는 것을 확인할 수 있습니다.

그러나 예수의 대응은 이와 다릅니다. 어떻게 다를까요? 우선 고대의 대응방식은 동등한 권리를 가지고 있는 집단에게 통용될 수 있는 것입니다. 그런데 로마제국이 점령하고 있는 예수 당대의 현실에 이러한 원리를 적용해보면 실천 불가능한 것임을 알 수 있습니다. 노예와도 같은 처지에 있는 이스라엘 민중이 폭력을 행사하는 지배계급인 로마인이나 종교지도층에게 이 맞대응의 원리로 행동할 수는 없었습니다. 그러면 어떻게 해야 했을까요?

예수는 "악한 사람에게 맞서지 마라"고 권장하면서 세 가지 행동양식을 제시합니다. 1) 오른쪽 뺨을 치거든 왼쪽 뺨을 돌려 대어라. 2) 고소하여 네 속옷을 가지려는 사람에게 겉옷까지 내주어라. 3) 억지로 오 리를 가자고 하거든, 십 리를 같이 가 주어라.

보통 교회에서는 비폭력 무저항의 대표적인 행동으로 이를 해석하는데, 기실 비폭력이기는 하지만 '무저항'은 아닙니다. 오히려 가장 강력한 저항입니다.

오른뺨과 왼뺨

첫 번째, 오른쪽 뺨의 경우, 맞선 상대방에게 오른쪽 뺨을 맞으려면 상대방은 손바닥으로 칠 수 없습니다. 손등으로 쳐야 되지요. 로마인들의 관습에 따르면 손등으로 때리는 존재는 노예이거나 여인에 한정됩니다. 동등한 관계에게 모욕을 주려면 손바닥으로 때려야 합니다. 오른뺨을 맞고 왼뺨을 돌려대라는 행위는 한 대 더 맞겠다는 무기력하고 피학적인 대응이 아니라, 나는 당신의 노예가 아니니 나를 동등하게 대해달라는 무언의 저항이 되는 셈이지요. 차별을 거부하고 평등을 행동으로 주장하는 것입니다. 얼핏 보기에 무기력한 행동인 것 같지만 당대의 문화적 행동 양식을 고려하면 전혀 다른 해석이 가능해집니다. 무기력한 민중이 아니라 자존의 민중!

겉옷과 속옷

두 번째, 속옷의 경우, 이스라엘 사람들의 의복양식을 이해해야 그 의미를 깨달을 수 있는데요, 유대인들은 두 벌 옷 사회(two-garment society)에 살았습니다. 겉옷과 속옷 딱 두 벌! 이스라엘 전통에 따르면 이웃에게 무언가를 꿔줄 때 겉옷을 담보로 삼는 경우가 있었습니다. 그렇지만 해 질 무렵에는 반드시 돌려줘야했지요. 신명기에 이렇게 기록되어 있습니다.

"당신들은 이웃에게 무엇을 꾸어 줄 때에, 담보물을 잡으려고 그의 집에 들어가지 마십시오. 당신들은 바깥에 서 있고, 당신들에게서 꾸는 이웃이 담보물을 가지고 당신들에게로 나아오게 하십시오. 그 사람이 가난한 사람이면, 당신들은 그의 담보물을 당신들의 집에 잡아 둔 채 잠자리에 들면 안 됩니다. 해가 질 무렵에는 그 담보물을 반드시 그에게 되돌려주어야 합니다. 그래야만 그가 담보로 잡혔던 그 겉옷을 덮고 잠자리에 들 것이며, 당신들에게 복을 빌어 줄 것입니다. 이렇게 하는 것이 주 당신들의 하느님이 보시기에 옳은 일입니다."

_____신명기 24 : 10~13

노예에서 해방된 무리인 이스라엘 사람들은 가난한 이웃에 대한 보살핌을 의무처럼 여겼습니다. 그런데 예수가 살았던 당시에는, 고리대업이 심해지면서 겉옷을 담보로 하고는 돌려주지 않는 사태가 종종 발생했습니다. 함께 고생을 하는 민족 구성원끼리도 이제는 서로 돌보지 않는 이기적인 사회가 되어버린 거지요. 그때 예수가 말합니다. "겉옷을 달라 하면 속옷까지 벗어줘라." 두 벌밖에 입지 않은 유대인이 속옷까지 벗으면 발가벗게 됩니다. 요즘 말로 하면 누드가 되는 거지요. 이렇게 되면 발가벗은 사람도 치욕이지만, 고리대로 같은 민족을 발가벗게 만든 사람에게도 공개적인 치욕을 안기게 되는 겁니다. 누드 시위인 셈이지요.

오 리와 십 리

마지막으로 오 리의 경우, 이는 로마의 식민지 민중에 대한 강제노동과 관련되어 있는데요, 이 강제노동도 제한을 두었지요. 오늘날 노동시간을 일일 8시간으로 제한 두는 것과 마찬가지로요. 제한을 두지 않는 경우, 민중의 불만이 커지고 저항이 일어나게 마련이거든요. 그래서 로마 군대는 식민지 민중을 차출하여 오 리까지만 짐을 지고 이동시킬 수 있도록 군령으로 정했습니다. 만약에 이러한 군령을 어길 시에는 도리어 로마 군인이 처벌을 받게 됩니다. 자, 이 정도면 배경지식은 갖춰진 셈이니, 예수가 한 말의 의미를 음미해보겠습니다.

"억지로 오 리를 가지고 하면, 십 리까지 가줘라"는 예수의 충고는 오 리까지 억지로 따라가는 것은 식민지의 백성으로서 어쩔 수 없는 일이지만, 거기에 오 리를 자발적으로 더 가 주는 것은 노예가 아니라 주인된 자로서 선행을 베푸는 것이 되지요. 오 리가 지나서 걷는 너의 행동은 자유다! 한편 이스라엘 사람을 차출한 로마군인의 입장에서 보면 사태는 역전됩니다. 오 리까지는 지배자로서 당당하게 식민지인을 차출했지만, 오 리를 지나고도 식민지인이 돌아가지 않고 동행할 경우, 로마 군인은 군법에 의해 처벌될 수 있는 위험한 사태를 맞이하게 되니까요. 주인과 노예의 역전!

위의 경구에서 보았듯이 복음서에는 단지 몇 줄 소개에 불과하지만, 예수는 몇 줄의 격언처럼 이야기하지 않고 풍성한 예를 동반한 이야기처럼 풀었을 것이라 짐작됩니다. 자, 그럼 예수의 이야기를 들은 민중들이 어느 지점에서 웃었을까요? 왼뺨을 돌리라는 예수의 말에 눈을 반짝이며 웃었을 것이고, 속옷마저 주라는 말에는 얼굴을 붉히며 웃었겠지요. 십 리까지 가주라는 말에는 통쾌하게 껄껄대지 않았을까요. 제각각 웃음의 색깔과 크기는 달라도, 눈에는 눈으로 이에는 이로 갚으라는 낡은 격률보다 예수의 새로운 행동 지침이 더 통쾌, 상쾌, 유쾌한 웃음을 웃었으리라 생각합니다.

잃어버린 동전 (누가복음 15 : 8~9)

앞의 웃음이 지배계급이나 가진 자에 대한 저항의 웃음이라면 지금 소개하는 웃음은 공동체 구성원과 함께 나누는 웃음입니다. 이른바 잃어버린 동전 이야기.

"어떤 여자에게 드라크마(은전, 노동자 하루치 품삯 : 역자) 열 닢이 있는데, 그가 그 가운데서 하나를 잃으면, 등불을 켜고, 온 집안을 쓸며, 그것을 찾아낼 때까지 샅샅이 뒤지지 않겠느냐? 그래서 찾으면, 벗과 이웃 사람을 불러 모으고 '나와 함께 기뻐해 주십시오. 잃었던 드라크마를 찾았습니다' 하고 말할 것이다."

생활형 유머에 속하는 이 일화는 누구나 한 번쯤은 겪어봤을만 한 이야기일 겁니다. 저의 경우를 예로 들면, 아내 몰래 비상금을 책 사이에 끼워놓고 있다가, 시간이 흐르자 비상금을 어느 책에 끼웠는지 까먹어 버려서, 머리를 쥐어짜며 책장을 뒤집어 간신히 돈을 찾은 경우에 해당하는 사례라 할 수 있지요. 그렇게 찾은 돈은 분명히 제 돈이지만 마치 공돈이 생긴 듯이 기쁘고, 동료들을 모아 분명히 한턱 쏘았겠죠?

복음(福音)이란 이런 것이겠지요. 그것을 들음으로써 나 혼자만 좋아지는 것이 아니라, 그 소식이 너무 좋아 나눌 수밖에 없는 성격의 것! 그것은 경제적 이해득실과는 확실히 다른 차원의 것입니다. 손해를 보더라도 기쁨이 더 커지는 것!

잃어버린 양 (누가복음 15 : 4~6)

잃어버린 동전 이야기가 은근한 웃음을 자아낸다면 잃어버린 양 이야기는 파안대소를 일으킵니다. 이 이야기는 최초의 어록 모음집인 Q복음서뿐만 아니라 제5복음서로 알려진 도마복음에도 등장해서 그 신빙성을 더하는데요, 한번 웃음의 포인트를 찾아보도록 하겠습니다.

"너희 가운데서 어떤 사람이 양 백 마리를 가지고 있는데, 그 가운데서 한 마리를 잃으면, 아흔아홉 마리를 들에 두고, 그 잃은 양을 찾을 때까지 찾아다니지 않겠느냐? 찾으면, 기뻐하면서 어깨에 메고 집으로 돌아와서, 친구들과 이웃 사람을 불러 모으고 '나와 함께 기뻐해 주십시오. 잃었던 내 양을 찾았습니다' 하고 말할 것이다.

만약에 당신이 목동이었다면 금세 웃을 수 있지만, 아니라면 쉽지 않을 겁니다. 목동에게는 양이 백 마리 있었습니다. 그 중에 한 마리를 잃었다가 간신히 찾아서 돌아와 친구들과 이웃 사람을 불러 모아 잔치를 베푼다면 목동이 잔치를 베풀 재료는 무엇일까요? 많은 사람과 함께 잔치 분위기를 살리려면 십중팔구 양을 잡았을 겁니다. 이제 질문. 그때 목동은 어떤 양을 잡았을까요?

물론 이 이야기에서 전하는 바는 도망친 못된 양을 잡아먹자는 것이 아니라 잃은 양을 찾은 기쁨이 어마어마하다는 것을 강조하는 것이겠고, 복음을 듣는 기쁨도 그에 못지않다는 것이겠지만, 양을 키우는 목동들이 들으면 저절로 웃음이 터져 나오는 대목이 아닐 수 없습니다.

오른손과 왼손 (마태복음 6 : 3)

어렸을 때 하던 놀이 중에서 오른손은 동그라미를 그리는 동안,

왼손은 세모를 그리는 놀이를 해본 적이 있지요. 불가능하지는 않지만 그리 쉽지는 않은 놀이입니다. 복음서에도 오른손과 왼손이 등장합니다. 보시죠.

> "너는 자선을 베풀 때에는, 네 오른손이 무엇을 하는지를 네 왼손이 모르게 해야 한다."

가능할까요? 도대체 이 이야기는 무슨 메시지를 담고 있을까요? 잠깐 우회하죠. 불교 경전 중에 금강경이 있는데, 이 경전의 4장에 이런 구절이 나옵니다.

> "이제 다음으로 수보리야! 보살은 법(法)에 머무는 바 없이 보시(布施)를 행하여야 한다. 이른바 색(色)에 머물지 않고 보시하고, 성향미촉법(聲香味觸法)에 머물지 않고 보시한다는 것이다. 수보리야! 보살은 반드시 이와 같이 보시할 것이며, 상(相)에 머물러서는 아니 되는 것이다."

'보시(布施)'는 자선이고, 색성향미촉법(色聲香味觸法)은 불교에서 육진(六塵)이라 하여 의식을 형성하는 여섯 가지 요소를 뜻합니다. 그런즉, 금강경의 전언은 '자선을 베풀되 의식하지 마라'는 이야기입니다. 자선은 마치 숨쉬는 것처럼 부지불식중에 베풀 것이지, 내가 자선을 베푸네 하면서 하면 쓸모없는 것이 되고 만다는 게 불교의 지혜입니다.

이와 마찬가지로 '왼손이 모르는 오른손'은 의식하지 않는 상태를 뜻합니다. 하지만 표현 방법에 있어, '색(色)에 머물지 않고' 또는 '상(相)에 머물지 않고'라는 말보다 '오른손이 하는 일을 왼손이 모르게'라는 말이 얼마나 쉽고 풍성한지요. 예수의 언어는 어렵지 않습니다. 하지만 그 의미는 참으로 깊습니다. 이 말을 전하는 예수는 어떠한 액션을 취했을까요? 상상컨대, 분명 오른손과 왼손을 보여 가며, 웃어 가며 전했을 것입니다.

들어가는 것과 나오는 것 (마가복음 7:1~23)

예수도 문제아였지만 예수를 따르던 무리들도 문제아들이었습니다. 하루는 그들이 손을 씻지 않고 빵을 먹는 것을 바리새인들이 목격했지요. 성결한 삶을 살아가는 것을 자부심으로 여기는 바리새인에게는 음식을 먹기 전에 손을 씻지 않는 행위는 전통을 따르지 않는 반유대적 행위처럼 보였습니다. 그래서 바리새인들은 율법학자까지 동원하여 예수에게 득달같이 달려가 따집니다. "왜 당신의 제자들은 장로들이 전하여 준 전통을 따르지 않고, 부정한 손으로 음식을 먹습니까?" 그 말에 제자들은 당황하며 뒤로 물러서지요. 바리새인들은 의기양양했을 겁니다. 그런데 예수는 당당합니다. 전통을 들먹이는 그들에게 예수는 위선자 같은 놈이라고 비판하면서 이렇게 말합니다. "너희는 하느님의 계명을 버리고, 사람의 전통을 지키고 있다"고요. 그러고는 두려워 흩어졌던 무리들을 다시 불러 모아 이렇게 말합니다. "너희는 모두 내 말을 듣고 깨달아라. 무엇이든지 사람 밖에서 사람 안으로 들어가는 것으로서 그 사람을 더럽히는 것은 아무것도 없다. 사람에게서 나오는 것이 그 사람을 더럽힌다."

> 사람의 몸 속으로 들어가는 것이 그 사람을 더럽히지 않는다. 사람에게서 나오는 것이 그 사람을 더럽힌다.
>
> ____마가복음 7 : 15~16

말의 의미인즉, 어떠한 음식도 더럽지 않다는 겁니다. 이스라엘 전통에 따르는 성결한 음식과 불결한 음식의 구분, 그리고 그것을 정해진 절차에 따라 먹는 방법 따위는 예수의 관심이 아니었던 셈입니다. 그러면 웃음의 코드는 어디에 있을까요? 직접적으로 드러나지는 않지만 음식이 들어가는 구멍은 입이고, 음식이 소화되어 나오는 구멍은 항문입니다. 이 소화기관과 배설기관을 염두에 두고 다시 해석하면, "뭐든지 먹어라, 대신 똥처리는 잘해라." 정도가 되겠네요. 예수의 언어에게 고상한 윤리학을 찾을 필요는 없습니다. 상쾌한 웃음을 찾는 것이 더 낫습니다.

하지만 예수의 말을 기록한 마가는 입과 항문, 음식과 똥으로 대비하지 않고, 몸과 마음, 음식과 악한 것으로 재해석해서 유머 넘치는 촌철살인의 경구를 맥없는 교훈으로 바꿔버렸습니다. 그것이 복음서의 후반부를 장식하지요. 인용하면,

"너희도 아직 깨닫지 못하느냐? 밖에서 사람의 몸 속으로 들어가는 것이 사람을

더럽히지 못한다는 것을 알지 못하느냐? 밖에서 사람 안으로 들어가는 것은 무엇이든지, 사람의 마음 속으로 들어가지 않고, 뱃속으로 들어가서 뒤로 나가기 때문이다." 예수께서는 이런 말씀을 하여 모든 음식은 깨끗하다고 하셨다. 또 그들에게 말씀하셨다. "사람에게서 나오는 것, 그것이 사람을 더럽힌다. 나쁜 생각은 사람의 마음에서 나오는데, 곧 음행과 도둑질과 살인과 간음과 탐욕과 악의와 사기와 방탕과 악한 시선과 모독과 교만과 어리석음이다. 이런 악한 것이 모두 속에서 나와서 사람을 더럽힌다."

_____마가복음 7 : 18~23

마가의 해석이 어떻습니까? 저는 이 장황스런 해석보다는 개그 코드에 가까운 첫 번째 해석을 선택하렵니다.

4

위에 소개한 사례 외에도 예수에게 웃음의 코드를 찾는 것은 그리 어려운 일이 아닙니다. 사물의 그로테스크한 과장으로 청중을 웃기는 티와 들보 이야기[13]라든지, 율법학자의 위선을 폭로함[14]으로 웃음을 자아내게 한 사례라든지, 위선적인 바리새인과 죄인으로 취급받던 세리에 대한 반대의 평가[15] 등 찾으려고만 하면 얼마든지 찾을 수 있습니다. 그런데도 우리가 복음서를 읽으면서 유머코드를 찾지 못했던 것은 교회에서 강제로 주입한 예수에 대한 윤리적이고 도덕적인 이미지 때문 아닐까요? 그래서 권합니다. 한 번쯤은 윤리니 구원이니 신성이니 다 잊어버리고 유머집을 보는 마음으로 복음서를 읽어보라고요. 무거운 짐을 내려놓고 가벼운 차림으로 복음서를 여행하다보면 분명 여러분도 제가 발견한 사례뿐만 아니라 수없이 많은 사례를 발견할 수 있을 겁니다. 웃는 예수, 웃기는 예수!

13 너는 친구의 눈 속에 있는 티는 보면서, 정작 네 눈 속에 있는 들보는 보지 못하는구나. 네 눈 속의 들보를 먼저 빼내어라. 그제서야 네 친구의 눈 속에 있는 티를 뺄 수 있을 것이다. (도마복음 26:1~2)

14 율법학자들을 조심하여라. 그들은 예복을 입고 다니기를 좋아하고, 장터에서 인사받기를 즐기고, 회당에서는 높은 자리에 앉기를 즐기고, 잔치에서는 윗자리에 앉기를 즐긴다. (누가복음 20:46)

15 두 사람이 기도하러 성전에 올라갔다. 하나는 바리새파 사람이고, 다른 하나는 세리다. 바리새파 사람은 서서, 혼잣말로 이렇게 기도하였다. '하느님, 감사합니다. 나는, 토색하는 자나 불의한 자나 간음하는 자 같은 다른 사람들과 같지 않으며, 또는, 이 세리와도 같지 않습니다. 나는 이레에 두 번씩 금식하고, 내 모든 소득의 십일조를 바칩니다.' 그런데 세리는 멀찍이 서서, 하늘을 우러러볼 엄두도 못 내고, 가슴을 치며 '아, 하느님, 이 죄인에게 자비를 베풀어 주십시오' 하고 말하였다. 내가 너희에게 말한다. 의롭다는 인정을 받고서, 자기 집으로 내려간 사람은 저 바리새파 사람이 아니라, 이 세리다. 누구든지 자기를 높이는 사람은 낮아지고, 자기를 낮추는 사람은 높아질 것이다. (누가복음 18:10~14)

신학자는 가난한 사람들의 '삶의 자리'를 살펴야 한다.

그러나 먼저 가난한 사람들이

'죽음의 자리'에 있다는 현실을 잊지 말아야 한다.

(……) 가난한 사람을 잊으면 이미 신학자가 아니다.

___김근수, 『슬픈 예수』, 「서문」에서

예수에게 경제학을 묻는 것이 타당할까요? 물론 예수는 학자가 아닙니다. 경제 전문가는 더더욱 아니지요. 우리가 예수를 대하면서 경제학을 묻는 것은 이스라엘의 경제 상황을 탐문하거나, 이로 인해 생겨나는 경제적 모순관계를 고찰하거나, 그러한 모순을 해결하기 위한 근본적 방책을 찾으려는 목적은 아닙니다. 물론 당대의 경제 상황을 파악하는 것은 당대 민중의 생활상을 파악하는 데 핵심적인 사항이기는 합니다.[16]

예수 당시의 경제 상황은 이스라엘이 지중해를 지배하고 있었던 로마의 식민지였다는 점과 이스라엘을 다스리는 로마총독이 파견되어 있었다는 점을 통해 대략 짐작할 수 있을 겁니다. 당대 지중해 연안의 국가들은 발달한 농업사회를 이루어, 여기에서 나온 농업 생산물이 주된 것이었고, 이러한 농업 생산물에 기초하여 수탈 체계를 형성하고 있었습니다. 식민지였던 이스라엘은 독립적인 경제구조를 가지지 못한 상황에서 한편으로는 꼭두각시 정권인 혜롯 정권과 예루살렘 중심의 종교 권력, 그리고 이를 총괄하는 로

---

16 이에 대한 자세한 논의는 에케하르트 슈테게만과 볼프강 슈테게만이 지은 『초기 그리스도교의 사회사 : 고대 지중해 세계의 유대교와 그리스도교』(동연, 2008)를 참고하길 바란다.

마 권력에게 삼중의 수탈을 당하고 있었지요.

이러한 상황에서 이스라엘 민중들이 안정적인 경제생활을 영위할 수 있었다고는 상상할 수조차 없을 것입니다. 많은 민중들이 거리의 부랑아가 되거나, 경제활동을 한다 하더라도 안정된 고용이 아니라 임시적 고용 형태를 띠는 경우가 많았습니다. 예수의 비유에 날품팔이나 소작농의 이야기가 많은 것은 당대 이스라엘 상황을 적확히 반영한 것이지요.

예수는 경제적 개혁을 통하여 이스라엘의 미래를 구상하는 방식으로 활동하지는 않았습니다. 그러한 구상 자체는 지배세력이나 할 수 있는 것이고, 지배세력에게 수탈당하는 민중은 그저 하루 벌어 하루 먹고 살기에 급급한 상황이었으니까요. 예수가 가르쳐준 기도(흔히 주기도문이라 불리는)에 따르면, "오늘날 우리에게 일용할 양식을 주옵시고"라는 대목이 나옵니다. 이 문장은 당대 이스라엘 민중의 상황을 반영하고 있습니다. 일용할 양식조차 기도로 빌어야하는 처참한 생활 환경이 바로 예수 당시의 이스라엘 상황인 셈이지요.

위로부터의 개혁이 물 건너간 상황에서 이스라엘 민중들이 간절히 바라는 것은 로마제국의 몰락이나 이스라엘을 구해줄 메시아의 출현이었습니다. 무장폭력을 통해 독립된 이스라엘을 만들려는 자들도 '메시아'라는 종교적 외피는 이용하는 것이 다반사였지요. 그러니까 메시아에 대한 갈망은 예수에게만 적용되는 것이 아니라, 당대에 아래로부터 일어난 모든 저항운동의 중심 세력이나 인물에게 적용할 수 있는 것이었습니다. 그러던 차 이스라엘 민중의

슈퍼스타 세례 요한이 헤롯왕에 의해 처형당하고, 그의 뒤를 잇는
사람으로 예수가 등장했으니 그를 따르고 주목하는 사람들은, 그
반대편을 포함하여, 많았으리라 능히 짐작할 수 있습니다.

2

예수는 부자가 아니었습니다. 그리고 그를 따르던 무리들도 재력
가는 드물었습니다. 간혹 성공한 세리(국세청 직원)들이 예수를 지
지하고 따르기는 하였으나, 그들의 재산을 기반으로 하여 예수를
따른 것이 아니라, 재산을 포기하고 예수를 따르는 방식이었습니
다. 그러니 예수와 그의 제자그룹은 가난한 유랑자 집단에 불과
하였지요.

　예수의 영향력이 커지자 예수를 따르던 무리들은 점점 늘어납니
다. 역사적 사실인지는 확인할 수 없으나, 마가복음에 따르면 그
무리가 5천명(남자 성인만 계산한 숫자)에 이르기도 합니다. 이들의
식사문제를 어떻게 해결해야 할까요? 이번 이야기는 여기서부터
출발하려고 합니다.

오천 명을 먹이심 (마가복음 6 : 31~44)

　예수의 행적을 기록한 초기 성서 마가복음에 따르면, 예수는 정
신없이 지내던 일상에서 벗어나서 좀 쉬고 싶었나 봅니다. 하지만

그러한 예수의 소망은 이루어지지 않습니다. 오히려 예수를 보고자 하는 군중은 예수의 행보를 누구보다 먼저 파악하고 그보다 앞서 예수의 행선지에 도착합니다. 마가복음의 본문을 읽어봅시다.

그 때에 예수께서 그들에게 말씀하셨다. "너희는 따로 외딴 곳으로 와서, 좀 쉬어라." 거기에는 오고가는 사람이 하도 많아서 음식을 먹을 겨를조차 없었기 때문이다. 그래서 그들은 배를 타고, 따로 외딴 곳으로 떠나갔다. 그런데 많은 사람이 이것을 보고, 그들인 줄 알고, 여러 마을에서 발걸음을 재촉하여 그 곳으로 함께 달려가서, 그들보다 먼저 그 곳에 이르렀다.

예수께서 배에서 내려서 큰 무리를 보시고, 그들이 마치 목자 없는 양과 같으므로, 그들을 불쌍히 여기셨다. 그래서 그들에게 여러 가지로 가르치기 시작하셨다. 날이 이미 저물었으므로, 제자들이 예수께 다가와서 말하였다. "여기는 빈 들이고 날도 이미 저물었습니다. 이 사람들을 헤쳐, 제각기 먹을 것을 사 먹게 근방에 있는 농가나 마을로 보내시는 것이 좋겠습니다."

예수께서 그들에게 말씀하셨다. "너희가 그들에게 먹을 것을 주어라." 제자들이 그에게 말하였다. "그러면 우리가 가서 빵 이백 데나리온[17] 어치를 사다가 그들에게 먹이라는 말씀입니까?"

예수께서 그들에게 말씀하셨다. "너희에게 빵이 얼마나 있느냐? 가서, 알아보아라." 그들이 알아보고 말하였다. "빵 다섯 개와 물고기 두 마리가 있습니다." 예수께서는 제자들에게 명하여, 모두들 떼를 지어 푸른 풀밭에 앉게 하셨다. 그들은

---

17 데나리온 : 당시 노동자 하루 품삯.

백 명씩 또는 쉰 명씩 떼를 지어 앉았다.

예수께서 빵 다섯 개와 물고기 두 마리를 들어서, 하늘을 쳐다보고 축복하신 다음에, 빵을 떼어서 제자들에게 주시고 사람들에게 나누어 주게 하셨다. 그리고 그 물고기 두 마리도 모든 사람에게 나누어 주셨다. 그들은 모두 배불리 먹었다. 빵 부스러기와 물고기 남은 것을 주워 모으니, 열두 광주리에 가득 찼다. 빵을 먹은 사람은 남자 어른만도 오천 명이었다.

이 오천 명을 먹인 기적은 워낙 유명한 것이어서 그 길이의 대차와 등장인물의 구체성을 제외한다면 예수의 행적을 기록한 4복음서(마태, 마가, 누가, 요한복음)에 모두 기록되어 있습니다. 보통 주일학교에서 많이 인용하는 구절은 요한복음인데, 그 구절을 주로 인용하는 이유는 기적의 단서를 어린아이가 지닌 물고기 두 마리와 보리떡 다섯 개에서 찾기 때문입니다. 이러한 각색은 논외로 하고 사건의 큰 흐름을 파악해 봅시다. 먼저 예수의 무리보다 먼저 예수의 행적지에 도착한 큰 무리들이 등장합니다. 그리고 그들을 불쌍히 여겨 지쳤음에도 열심히 가르치는 예수가 나옵니다. 그리고 제자들이 등장합니다. 그들은 말합니다.

"여기는 빈 들이고 날도 이미 저물었습니다. 이 사람들을 헤쳐, 제각기 먹을 것을 사 먹게 근방에 있는 농가나 마을로 보내시는 것이 좋겠습니다." (35~36절)

예수가 말합니다.

"너희가 그들에게 먹을 것을 주어라." (7절)

제자들이 되묻습니다.

"그러면 우리가 가서 빵 이백 데나리온 어치를 사다가 그들에게 먹이라는 말씀입니까?" (37절)

예수가 제자들에게 묻습니다.

"너희에게 빵이 얼마나 있느냐? 가서, 알아보아라." (38절)

그 이후에 진행되는 상황은 설명하지 않겠습니다. 빵 다섯 개와 물고기 두 마리로 오천 명을 먹이고도 남은 음식을 주워 모으니 열두 광주리에 가득 찼다는 기적과 같은 진술이 이어지니까요. 보통 교회에서는 예수의 신적인 능력을 보여주는 기적 사건으로 보기 때문에 더 이상 해석을 요하지 않습니다. 믿음의 문제지요. 이렇게 믿음의 문제로 해소하면 주목해야 할 중요한 부분을 놓치게 됩니다. 예수와 제자들의 경제적 관점 말입니다.

잘 보시면 알겠지만, 예수는 식사 문제를 공동체 내부에서 해결하려고 합니다. 하지만 제자들은 각자 알아서 해결하기를 바랍니다. 군중의 식사 문제를 책임지려면 노동자 이백 명의 품삯이 필요하기 때문입니다. 요즘 시세로 1일 품삯을 5만 원만 쳐도 1천만 원이라는 거금이 필요하지요. 1천만 원이라 해봤자 성인 남자 오천 명으로 나누면 1인당 2천 원꼴이니 자장면 한 그릇 값에도 못 미칩니다. 요즘 경제적 관점으로 말하자면 세상물정 모르는 예수와 나름대로 물정을 파악한 제자들의 갈등인 셈입니다. 기적이 일어났기에 망정이지 참으로 난감한 상황이라고 할 수 있습니다.

3

예수의 요청은 무리한 것이었을까요? 어쩌면 없어서 못 나눈 것이 아니라, 있지만 못 나눈 것은 아닐까요? 이스라엘의 유구한 전통 중에 하나가 환대법(歡待法, the law of hospitality)입니다. 낯선 이가 도움을 요청할 때 그 요청을 거절해서는 안 되는 전통은 유목민족이었던 이스라엘 민족에게는 아주 낯익은 실천 덕목입니다. 그때의 환대는 여유가 있으면 행하는 '조건부 환대'가 아니라 여유가 있건 없건 나누는 '무조건적 환대'입니다. 예수는 그것을 제자에게 요청한 것입니다.

있으면 있는 대로 없으면 없는 대로 나누는 것, 자신의 체면이나 위신 따위 저만치 던져버리고 그저 나누는 것. 그러한 나눔의 시작이 아마도 빵 다섯 개와 물고기 두 마리였을 것입니다. 나눔은 그렇게 시작되었고, 그것이 마중물이 되어 나눔이 확산되었을 것입니다. 기적은 기적이되 하늘에서 내려온 기적이 아니라, 낮은 처지에 있는 사람들의 나눔이 이루어낸 기적!

절대적 환대의 예수적 버전인 이 가난의 연대야말로 예수가 꿈꾸었던 하느님 나라의 경제학이 아니었을까 감히 상상해봅니다.

빵 다섯 개와 물고기 두 마리를 놓고 행했던 예수의 기도는 기적을 이루는 마술적 주문이 아니라, 이 가난의 연대에 대한 호소라고 저는 생각합니다. 예수 자신이 가난의 문제를 해결하겠다고 자임하는 것이 아니라, 가난한 자들이 스스로 가난의 문제를 해결할 수 있다고, 그러니 누구에게 의존하지 말고, 보잘 것 없어 보이지만 자신이 가지고 있는 것을 나누라는 간절한 메시지였을 것입니다. 그 기도가 효력이 있었던 것이었을까요. 열 두 광주리의 남은 음식은 가난의 저력을 표상합니다.

오늘날 우리의 경제학은 규모의 경제학입니다. 경제성장이 이루어져야 파란불이 켜지고, 파이가 커져야 나누는 자본주의적 경제학은 예수의 경제학과는 아무런 관계가 없습니다. 예수가 꿈꾸는 경제학은 허리띠를 졸라매고 저축하여 성장하는 근검의 경제학이나, 능력이 있는 소수에 의해 다수가 먹여지는 탁월함의 경제학이 아닙니다. 가난은 그렇게 해결되지 않음을 우리는 역사 속에서 지겹게 확인해 왔습니다. 근검은 지배자들이 피지배자들에게 요청하는 이데올로기에 불과합니다. 탁월함은 지배자들이 자신의 무능을 감추기 위한 허위에 불과합니다.

예수의 경제학은 미래에 성취할 행복이 아니라 지금 당장 여기에서 경험해야 할 행복을 찾아내는 것입니다. 그것은 파이의 크기와 상관없이 모색되어야 할 것이며, 온갖 경제적 수치와 계산을 넘어서는 지상명령입니다. 우리가 얼마나 가지고 있는지를 계산하지 말고 아낌없이 나누고 주라는 것입니다. 허리띠를 졸라 매라는 것이 아니라, 지금 당장 허리띠를 풀고 먹으라는 것입니다. 부자들에게 요청하지 말고, 가난한 자들끼리 해결하자는 것입니다. 각자도생(各自圖生)이 아니라 공생(共生)하자는 것입니다. 우리끼리 행복하자는 것입니다.

4

적은 음식으로 많은 인원을 먹이는 기적은 기독교만의 전유물은 아닙니다. 불교 경전 중에 하나인 유마경에는 불국토에서 천상의 음식을 사바세계에 가져다가 나눠먹는 사건이 기록되어 있는데요. 가져온 음식이 적었나 봅니다. 그다음 이야기는 유마경에서 직접 인용하겠습니다.

"그때, 대중들 중 근기가 낮은 성문(聲聞)이 이런 생각을 일으켰다. '이 음식은 너무 적지 않은가. 어떻게 이것으로 대중들이 모두 먹을 수 있단 말인가.'

그러자 화신 보살이 말했다.

"존자들께서는 자신의 낮은 복덕과 지혜로 여래의 한량없는 복덕과 지혜를 가늠해서는 안 됩니다. 왜냐하면 이 세계에 있는 모든 바닷물이 마른다 해도, 이 미묘한 향기의 음식은 결코 다함이 없기 때문입니다. 이를테면 한량없는 대천세계의 모든 중생 하나하나가 이 음식을 먹는데, 그 음식을 합하여 수미산에 이르고, 일 겁이나 일백 겁이 흘러도 이 음식은 떨어지지 않습니다. 왜냐하면 이와 같은 음식은 여래께서 태어난 자리인, 다함없는 계율, 선정, 지혜, 해탈, 그리고 해탈을 성취했다는 자각에서 나왔기 때문입니다. 여래께서 깨달음의 자리에서 드시던 이런 향기의 음식은 모든 중생들이 백천 겁 동안 먹는다 해도 끝내 다할 수 없습니다."

그리하여 대중들이 모두 이 음식을 먹고 충만함을 얻었으나, 오히려 음식에 남음이 있었다."[18]

유마경에 나오는 이야기를 읽다보면 마가복음에 나오는 오천 명을 먹이는 것쯤은 누워서 떡 먹기처럼 보입니다. 역시 스케일에 있어서 불교 경전은 어마어마합니다. 불국토의 음식은 결코 사라지지 않고, 일 겁이나 일백 겁이 흘러도, 백천 겁이 흘러도 모든 중생을 다 먹이고 남음이 있기 때문입니다. 실로 천상의 음식입니다. 하지만 유마경의 음식은 깨달음의 음식입니다. '진리'라는 음식입니다. 유마경이 전하는 메시지는 그래서 육체적인 음식이 아닙니다. 심신이 가난한 자들이 갈구하는 음식이 아니라 지혜가 가난한 자들이 구하는 음식입니다. 멋진 음식이기는 합니다만, 삶에서 아득합니다. 당대의 경제적 상황을 고려하여 구성된 메시지가 아니라, 초경제적, 초시대적 메시지입니다.

18 신근영 풀어 읽음, 『낭송 금강경 외』, 북드라망, 2014. 65~66쪽.

저는 예수의 메시지를 초시대적으로 읽으려 하지 않습니다. 그것은 예수를 초월적 메시아로 보는 것을 거부한다는 의미이기도 합니다. 이러한 관점은 이 책을 쓰면서 여러 차례 강조한 내용이기도 합니다. 사설은 그만두고, 복음서에 나오는 다른 이야기를 하나 더 보겠습니다. 이 이야기는 '농부 예수'에서 인용한 적이 있어서 낯설지 않을 것입니다.

노동이 아닌 필요에 따라 (마태복음 20:1~15)

"하늘나라는 자기 포도원에서 일할 일꾼을 고용하려고 이른 아침에 집을 나선 어떤 포도원 주인과 같다. 그는 품삯을 하루에 한 데나리온으로 일꾼들과 합의하고, 그들을 자기 포도원으로 보냈다. 그리고서 아홉 시쯤에 나가서 보니, 사람들이 장터에 빈둥거리며 서 있었다. 그는 그들에게 말하기를 '여러분도 포도원에 가서 일을 하시오. 적당한 품삯을 주겠소' 하였다. 그래서 그들이 일을 하러 떠났다. 주인이 다시 열두 시와 오후 세 시쯤에 나가서 그렇게 하였다. 오후 다섯 시쯤에 주인이 또 나가 보니, 아직도 빈둥거리고 있는 사람들이 있어서, 그들에게 '왜 당신들은 온종일 이렇게 하는 일 없이 빈둥거리고 있소?' 하고 물었다. 그들이 그에게 대답하기를 '아무도 우리에게 일을 시켜주지 않아서, 이러고 있습니다' 하였다. 그래서 그는 '당신들도 포도원에 가서 일을 하시오' 하고 말하였다. 저녁이 되니, 포도원 주인이 자기 관리인에게 말하기를 '일꾼들을 불러, 맨 나중에 온 사람들부터 시작하여, 맨 먼저 온 사람들에게까지, 품삯을 치르시오' 하였다. 오후 다섯 시쯤부터 일을 한 일꾼들이 와서, 한 데나리온씩을 받았다. 그런데 맨 처음에 와서 일을 한 사람들은, 은근히 좀 더 받으려니 하고 생각하였는데, 그들도 한 데나리온씩을 받았다. 그들은 받고 나서, 주인에게 투덜거리며 말하였다. '마지막에 온 이 사람들은 한 시간밖에 일하지 않았는데도, 찌는 더위 속에서 온종일 수고한 우리들과 똑같이 대우하였습니다.' 그러자 주인이 그들 가운데 한 사람에게 말하기를 '이보시오, 나는 당신을 부당하게 대한 것이 아니오. 당신은 나와 한 데나리온으로 합의하지 않았소? 당신의 품삯이나 받아 가지고 돌아가시오. 당신에게 주는 것과 꼭 같이 이 마지막 사람에게 주는 것이 내 뜻이오. 내 것을 가지고 내 뜻대로 할 수 없다는 말이오? 내가 후하기 때문에, 그것이 당신 눈에 거슬리오?' 하였다."

날품팔이 일용직 노동자의 이야기입니다. 이야기의 구체적인 분석은 이전에 했으니 생략하겠습니다. 다만, 이야기에 나오는 주인의 입장을 통해 우리는 예수의 경제적 관점을 다시 한번 확인할 수 있습니다. 예수가 비유로 말한 이 이야기의 주인은 하느님의 입장을 대변합니다. 주인은 자신이 고용한 일꾼의 능력이나 노동시간에 따라 품삯을 책정하지 않습니다. 주인은 일꾼이 살아가는 데 필요한 만큼 품삯을 지불합니다. 이러한 관점은 노동시간에 따라 임금을 지불하는 현대적 지불 방식에 전면적으로 위배됩니다. 노동의 여부가 아니라 생존의 필요가 우선합니다.[19]

예수의 경제학은 국가적 부가 아니라 하느님의 대한 절대적 신뢰에 기초하고 있습니다. "공중의 새를 보아라. 씨를 뿌리지도 않고, 거두지도 않고, 곳간에 모아들이지도 않으나, 너희의 하늘 아버지께서 그것들을 먹이신다. 너희는 새보다 귀하지 아니하냐?"(마태복음 6:26)고 물으며 "무엇을 먹을까, 무엇을 마실까, 무엇을 입을까, 하고 걱정하지 말아라"(31절)고 권유합니다. 그리고 "먼저 하느님의 나라와 하느님의 의를 구하여라. 그리하면 이 모든 것을 너희에게 더하여 주실 것이다"(33절)라고 주장합니다.

예수의 경제학이 꿈꾸는 나라는 하느님의 나라입니다. 그런데 "부자가 하느님의 나라에 들어가는 것보다 낙타가 바늘귀로 지나가는 것이 더 쉽다"(마가복음 10:25)라고도 말합니다. 부자를 배제한 경제학입니다. 성장의 경제학이 아닙니다. 나눔의 경제학입니다. 차별의 경제학이 아니라 평등의 경제학입니다. 예수는 경제학자는 아니었지만, 당대 이스라엘 사람들의 가난이 어디에서 비롯되었는지 정확히 파악하고 있습니다. 부자들의 수탈체계를 종식시키지 않는 한 불가능한 것이 하느님 나라입니다. 그리하여 예수는 부자를 만나면 "네가 가진 것을 다 팔아서, 가난한 사람들에게 주어라. 그리하면, 네가 하늘에서 보화를 차지하게 될 것이다. 그리고, 와서, 나를 따라라."(마가복음 10:21)고 말한 것입니다. 그리고 그를 따르는 제자들에게는 "누구든지 첫째가 되고자 하면, 그

---

19 이러한 관점을 저는 『녹색평론』 발행인인 김종철 선생이 주장하는 '기본소득'의 개념에서 재발견합니다. 2014년 『말과 활』 5~6월호에 나오는 「근대문명의 반생명성, 민낯을 드러내다」를 읽어보세요.

는 모든 사람의 꼴찌가 되어서 모든 사람을 섬겨야 한다"(마가복음 9:35)고 말합니다.

6

돈을 빌리는 것에 관련되어서도 예수는 이야기합니다.

> 예수께서 말씀하셨다. "네가 제물이 있거든, 이자를 생각하지 말고 꾸어주라. 오히려 돌려받을 생각을 하지 말고, 그에게 주라."
>
> ___도마복음 95 : 1~2

이 구절은 "너에게 달라는 사람에게는 주라"(누가복음 6:30)에서도 확인할 수 있습니다. 만약에 이 충고대로 실천하다가는 파산에 이를 수도 있습니다. 이 말은 법적인 강제가 아니라 당대 현실에 대한 고발적 성격이 강합니다. 예수 비유의 전문가 로버트 펑크는 말합니다.

> 너에게 빌리려는 자를 외면하지 말아라. 도마복음에 표현된 구절은, 예수 세미나의 동료들이 역사적 예수와 가장 근접했다고 결론지었는데, 이보다 더 과격하다. 돈을 갚을 능력이 안 되는 사람에게조차 고의로 돈을 빌려주어야만 한다. 게다가, 빌려준 돈에 결코 이자를 붙여서는 안 된다. 이런 종류의 충고는 당대의 (차용)제도를 위협

하는 것임에 분명하다.

예수 당시의 갈릴리 농부들에게 과중한 세금과 부채는 엄청난 압박이었다. 그러한 압박으로부터 벗어나려면 무조건적 기부와 이자 없는 대출이 필수불가결하다. 이러한 발언은 매우 유토피아적으로 들릴지 모른다. 하지만 우리는 현대사회에서 정의구현을 위해 실천하는 은행들이 저개발국가나 지구적 안정성을 위해 이러한 일들을 실천하고 있음을 알고 있다. 의심할 바 없이 예수 또한 자신의 충고가 모든 경우에 문자 그대로 받아들여지지 않을 것이며, 반드시 받아들여져야 한다고 생각하지 않았다. 하지만 예수는 갈릴리와 같이 역사적으로 가난한 곳에서는 이러한 지원의 형태가 필수불가결한 것임을 충분히 인지할 만큼 현실주의자(realist)였다.

7

지금까지 파편적으로 살펴본 내용으로 예수 경제학의 핵심적 내용을 정리해보겠습니다. 예수는 철저히 가난한 사람들 편에 서서 경제를 이야기하고 있습니다. 가난의 연대를 통한 현재적 나눔, 노동이 아니라 필요에 기초한 분배, 무조건적 기부와 이자 없는 대출, 그러한 것이 실현되는 하느님 나라 건설!

이러한 예수 경제학의 구상에 부자의 자리는 없습니다. 그들은 초대받지 못한 손님이며, 초대를 받으려면 그들의 재산을 모두 기부한 후에 참석해야 합니다. 부자들을 통한 하느님 나라가 아니라 부자들이 배제된 하느님 나라입니다. 성장에 따른 분배가 아니라 무조건적 분배입니다. 능력이 아니라 사랑과 연대를 바탕으로 한 경제입니다. 아무것도 아닌 자들이 주체가 되는 경제, 하느님 나라는 이 아무것도 아닌 자들에 의해서 세워진다고 예수는 믿었던 것입니다.

예수 공동체의 조직론

—예수의 제자들

1

'조직론'이란 말을 들은, 40대 후반을 넘어서고 과거에 운동깨나 했다는 중년의 사람들은 분명 혁명조직론을 떠올릴 것이고, 그보다 젊은 40대 회사원들은 경영혁신조직론 등이 떠오를 것입니다. 민주적 토론과 표결에 따른 다수 의견의 결정 등을 내용으로 하는 민주집중제라든지, 활동의 양상에 따른 조직 명칭인 비합법조직, 반합법조직, 합법조직이라든지, 위계질서에 따른 전위조직과 대중조직 등의 논의는 80년대에 학생운동과 노동운동계에서는 너무도 친숙한 용어지요.

한편 상명하달의 습속이 과거 대기업의 특징이었다면 그것은 항공모함 모델에 따른 것이고, 이는 거대한 조직 속에서 일사분란하게 움직이는 것이 생명이었던 당대 기업의 속성을 반영하는 것이지요. 각자가 유기적으로 자신의 일을 해내면서 하나의 목표를 향해 움직이는 오케스트라 모델이라든지, 축구단 모델이라든지 하는 이야기도 들어보셨지요. 요즘은 변화하는 현실에 맞춰 프로젝트별로 팀을 임시적으로 만들고 과업이 끝나면 해체하고 다른 형태의 조직을 형성하는 유동적 조직론으로부터, 노는 것과 일하는 것을 일치시키려 하는 혁신적 조직론이 IT업계에서 유행이랍니다.

뭐 그런 어마어마한 조직론을 이야기하려는 것은 아닙니다. 단지 예수가 혼자서 움직이며 활동한 것이 아니고, 떼(공동체)를 지어 움직였기에, 그 패거리(제자들)를 구성하는 방법이나 집단 구성원의 특성, 활동 내용 등을 정리해보면 어떨까하는 호기심에서 만들어놓은 제목이니 지레짐작하여 겁먹지 마시길 바랄 따름입니다. 한편 예수의 무리와 공자의 무리, 부처의 무리나 소크라테스의 무리 등 통칭 4대 성인의 집단 구성의 방법과 비교해보는 것도 재미있을 겁니다. 비교를 통해 예수의 조직이 어떠한 특성을 가지고 있는지 윤곽이라도 그릴 수 있다면 이 글의 목표는 달성된 거라고 볼 수 있을 것입니다.

2

어떠한 조직을 만든다는 것은, 그것이 비록 아주 작은 단위의 계모임이라도 목표가 없을 수 없습니다. 하다못해 '친목계'도 '친목'이라는 목표를 설정하니까요. 그러면 예수는 어떠한 목표로 사람을 모았을까요?

마가복음에 따르면, "때가 찼고 하느님의 나라가 가까이 왔으니 회개하고 복음을 믿으라"(1:15)는 구절이 나옵니다. 간단히 풀어보면, 하느님의 나라가 임할 시기에 무르익었으므로 생각을 바꾸고 행동을 바꿔서 복된 소식을 믿으라는 말이 될 터인데, 가장 핵심이 되는 말은 '하느님의 나라'가 되겠네요. 공산주의자들이 공산주의의 도래를 위해 혁명을 하는 것처럼, 예수의 무리들은 하느님 나라의 도래를 위해 조직을 구성한 것이 됩니다.

문제는 하느님 나라에 대한 이해의 차이일 텐데요, 예수 당시의 대부분의 사람들은 하느님 나라의 도래를 정치혁명을 통한 새로운 이스라엘의 건설이라고 생각했습니다. 당시 무력혁명세력이었던 젤롯당원들은 바로 이러한 혁명을 위해 기꺼이 목숨을 바칠 준비가 되어 있었지요. 그에 비해 당시의 지배적인 지식인 그룹인 바리새파 사람들은 율법의 준수를 통한 '성결한 백성'을 만드는 것을 중요한 과제로 설정하고 정력적으로 활동했습니다. 한편 아예 세속 도시에서 벗어나 광야에서 별도의 은둔조직을 결성하고 신앙생활을 하는 에세네파도 있었습니다. 로마의 식민지에 속해 있던 이스라엘의 백성들은 로마제국과는 구별되는 자신만의 세계를 '하느님 나라'로 구상한 것이지요.

이런 점을 염두에 두고 보자면, 조직 구성원의 성격도 어느 정도 구별할 수 있습니다. 젤롯당의 경우에는 무력 사용을 과감하게 전개할 수 있는 용감한 사람들을 구성원으로 뽑았겠지요. 바리새파 사람들은 율법에 정통하고 그 율법을 준수할 수 있는 지식인을 구성원으로 선택했을 거고, 에세네파는 은둔 생활과 금욕 생활이 가능한 수도사형 종교인이 구성원으로 선발되었을 겁니다.

그런데 예수의 조직 구성원을 살펴보면 독립투사도 아니고, 지식인도 아니며, 수도사는 더더욱 아니었어요. 가난하여 돈도 없고 빽도 없는 사람, 소외되어 천대받는 사람, 남에게 손가락질 당하며 멸시받는 사람들이 예수의 제자그룹을 형성합니다. 그야말로 장삼이사(張三李四), 어중이떠중이의 그룹이 예수의 집단을 이룹니다. 이른바 12제자의 형성이지요.

예수께서 산에 올라가셔서, 원하시는 사람들을 부르시니, 그들이 예수께로 나아왔다. 예수께서 열둘을 세우시고 [그들을 또한 사도라고 이름하셨다.] 이것은, 예수께서 그들을 자기와 함께 있게 하시고, 또 그들을 내보내어서 말씀을 전파하게 하시며, 귀신을 쫓아내는 권능을 가지게 하시려는 것이었다. [예수께서 열둘을 임명하셨는데,] 그들은, 베드로라는 이름을 덧붙여 주신 시몬과, '천둥의 아들'을 뜻하는 보아너게라는 이름을 덧붙여 주신 세베대의 아들들인 야고보와, 그의 동생 요한과, 안드레와 빌립과 바돌로매와 마태와 도마와 알패오의 아들 야고보와 다대오와 열혈당원 시몬과 예수를 넘겨준 가룟 유다이다.

_____마가복음 3 : 13~19

이들은 가난한 어부이거나 멸시당하는 세리, 젤롯당원이었다가 예수의 모습에 감명받은 민중, 그리고 세례 요한을 따르다가 요한이 죽자 예수를 따르던 사람들이었습니다. 조금만 자세히 설명해보자면, 베드로와 안드레는 형제지간으로 예수의 초기 제자이고 둘 다 직업이 어부지요. 야고보서의 저자인 세베대의 아들 야고보와 요한복음의 저자인 요한 역시 갈릴리 출신의 어부들입니다. 마태복음의 저자로 알려져 있는 마태는 로마 세관의 세리여서 유대인들에게 멸시를 당하던 사람이었습니다. 다대오(또는 유다)는 거의 존재감이 없는 제자였고, 젤롯당원 시몬은 예수의 기적을 보고 제자가 됩니다. 도마복음의 저자로 알려져 있는 도마는 의심이 많아 부활한 예수의 옆구리를 직접 찔러보고 나서야 부활을 믿었다고 알려져 있어요. 빌립은 예수 집단의 식량공급을 맡은 것으로 알려져 있는데, 본래 세례 요한의 제자였고요, '돌로메의 아들'이란 뜻의 바돌로메는 빌립이 전도하여 예수의 제자가 됩니다. 예수를 팔아넘긴 가룟 유다 역시 젤롯당원 출신으로 알려져 있습니다.

.

3

용감하게 싸우는 군사조직도 아니고, 다른 이들을 교육시킬 수 있는 지식인 그룹도 아니고, 돈으로 영향력을 행사하는 부자 그룹도 아닌 이들이 예수 조직의 핵심 맴버들입니다. 이들은 예수와 함께 전도도 하고, 병도 고치고, 귀신도 쫓아내는 역할을 하였습니다.

그런데 복음서에 나타나는 이들의 행동이나 생각을 보면, 그리 만족스러운 조직원은 아닌 듯합니다. 예수는 죽음의 길로 가고 있는데도 권력 다툼을 하고, 예수가 하는 이야기를 이해하지 못하는 경우도 많으며, 심지어는 예수가 체포되었을 때 모두들 도망을 쳤고, 예수가 재판을 받는 도중에 주변에 있다가 자신의 정체가 드러나자 예수를 모른다고 부인까지 합니다. 어쩌면 그리 한심스러운지, 과연 선별된 제자는 맞는지 의심이 들 정도지요.

그에 반해 부처나 공자 그룹의 제자들은 참으로 놀라울 정도로 뛰어난 재능의 소유자들입니다. 유마경 '제자품'에 나오는 10대 제자들을 간단히 소개하면 이렇습니다.

① 사리불은 제자 중 지혜(智慧) 제일

② 대목건련은 신족(神足, 神通力) 제일

③ 대가섭은 두타(頭陀; 빌어먹는 일) 제일

④ 수보리는 해공(解空; 공을 이해함) 제일

⑤ 부루나미다라니자는 변재(辯才; 말 잘하는 재주) 제일

⑥ 마하가전연은 해의(解義; 뜻을 해석함) 제일

⑦ 아나율은 천안(天眼; 天人들처럼 과거·현재·미래의 모든 것을 다 볼 수 있는 눈) 제일

⑧ 우바리는 지율(持律; 계율을 지킴) 제일

⑨ 나후라는 밀행(密行; 드러내지 않고 속으로 닦는 수행) 제일

⑩ 아난은 총지(總持; 모두 다 가짐) 제일이다. [20]

금강경에 따르면, 부처를 따르던 비구가 1250명이라 기록되어 있는데, 이는 일단 조직의 크기에 있어 예수 집단과 비교가 되지 않을 뿐 아니라, 그 중 10명으로 선발된 10대 제자의 면모는 모두 탁월함의 극치입니다. 제자들의 신분도 높아 왕족이나 거상, 수도자들이 대부분이었습니다. 뛰어난 깨달음을 얻은 자를 존자(尊者), 또는 아라한(나한)이라 한다면 부처의 제자들은 부처 못지않은 경지에 도달한 자들이라 할 만하지요. 지혜 있고, 신통력 있고, 겸손하고, 말 잘하고, 의미를 정확히 파악하고, 사물을 꿰뚫어 보고, 은밀히 수행하고, 기억력이 뛰어난 특성의 소유자들이 바로 부처의 최상급 제자들입니다. 그런 점에서 보면 부처는 조직 구성의

---

20 http://www.sejon.or.kr/youma/d_youma/10dae/10dae_05.shtml

대가라 할 만할 것입니다.

불교만이 아닙니다. 유학의 창시자 공자에게도 놀라운 제자들
이 많지요. 사마천의 『사기』에 나오는 '중니 제자 열전' 편에는 그
명단이 기록되어 있는데, 대략 70여명 정도입니다. 이를 후대에 칠
십자(七十子)라고도 하고, 또는 칠십이현(七十二賢)이라고도 하지
요. 그 중에서 뛰어난 10명의 제자를 공문십철(孔門十哲)이라고 하
는데, 논어에 따르면, 공자는 이 10명의 제자를 다음과 같이 평가
합니다.

덕행(德行)에는 안회(顏淵)·민자건(閔子騫)·염백우(冉伯牛)·중궁
(仲弓), 언어에는 재아(宰我)·자공(子貢), 정사(政事)에는 염유(冉
有)·자로(子路), 문학에는 자유(子游)·자하(子夏)가 뛰어나다.

공자의 제자 중에서 신분이 높은 사람은 별로 없었지만, 그래도
엄격한 교육 덕분에 뛰어난 인재를 많이 배출했습니다. 공자 생전
에 이러한 인재들은 여러 나라에 발탁되어, 장수로, 정치인으로, 외
교관으로, 거상 등으로 활동하기도 합니다. 그야말로 공자의 집
단은 인재양성훈련소라 할 만합니다.

4

물론 이러한 평면적 비교는 예수의 입장에서 보면 부당하다고 말

할 수도 있습니다. 부처와 공자는 오랜 기간에 걸쳐 활동을 했고, 제자들의 교육 기간도 상당히 길었다고 볼 수 있으니까요. 하지만 예수의 경우에는 공적인 생활을 한 것이 길어야 3년, 짧게는 1년밖에 되지 않기 때문에 체계적으로 제자를 양성하고 훈련시킬 수 있는 기간이 없었다고 보아야 합니다. 예수는 결국 로마에 항거하는 체제 전복죄로 1년(혹은 3년) 만에 십자가형을 당해 죽고 말았기 때문에, 예수의 생애 전체가 비상사태에 해당한다고 볼 수 있습니다.

한편 조직체계에 있어서도 공자나 부처가 어느 정도는 안정적인 기반 아래에서 유지될 수 있었다면, 예수의 조직은 하다못해 안정적 회합이 가능한 본부조차도 확보하지 못한 채, 유리걸식하며 돌아다녔습니다. 거리의 조직이라고나 할까요?

여기서 우리는 이런 질문들을 던질 수 있을 것 같습니다. 왜 예수는 그렇게 다급하게 조직을 구성하고 안정적인 기반을 마련하지도 못한 채 와해시키고 말았을까? 새로운 운동조직의 기반을 마련하기 위한 장기적 플랜을 세우려는 생각은 없었을까? 공자처럼 학문적 체계를 세워 교육을 시키던지, 부처처럼 도시를 중심으로 거점을 마련하여 조직을 지원할 수 있는 세력을 공고히 확보하면서 활동할 수는 없었을까? 예수의 성급한 행보가 결국 조직을 와해시키고, 조직원들의 역량을 키워내지 못한 것은 아닐까? 어쩌면 예수는 조직론 그 자체에 관심이 없었던 것은 아닐까?

물론 이러한 가정적 질문은 예수 생애의 긴박성을 고려해보면 어리석은 질문일 수도 있습니다. 그것은 예수 조직의 내재적 결함 때문이라기보다는 예수의 조직을 지켜보았던 수많은 반대세력의 외부적 공격에 의한 와해에 혐의가 더욱 짙기 때문이지요. 어찌 보면 공자나 부처 집단에 대한 탄압(?)이 예수 집단에 대한 탄압에 비해 조직을 지켜낼 수 있을 정도로 약했기 때문이라고 말할 수도 있을 겁니다. 이는 공자나 부처를 지지했던 지지층과 예수를 지지했던 지지층을 비교해보아도 확인할 수 있습니다.

공자의 경우 노나라에서 쫓겨나 천하를 주유하던 시절에도 주로 만나던 세력은 집권세력이나 그 측근들이었습니다. 이는 공자가 권력지향형이라는 점을 보여주기도 합니다. 비록 만나는 집권세력마다 공자의 이상적 정치상이 실천하기에는 힘들다고 생각하여 공자의 조직을 전격적으로 발탁하지는 않았지만 공자의 조직을 탄압하고 와해시키지는 않았습니다. 부처는 처음부터 신분이 왕족이었기 때문에 왕족들과 부호들의 비호와 후원을 적극적으로 끌어들일 수 있었습니다. 부처가 머물렀던 장소들은 대부분은 왕족이나 부호들의 기부에 의해 마련되었다는 점만 보더라도 부처 조직(승가)의 안정성은 어느 정도 확보하고 있었다고 보아야 할 겁니다.

하지만 예수의 경우는 완전히 달랐어요. 예수의 지지자들은 가난한 사람들과 소외 계층, 병자나 죄인들이었지요. 한마디로 사회적 약자의 지지를 받았다고 볼 수 있습니다. 물론 권력층의 일부, 예를 들어 예수에게 자신의 무덤을 희사했던 요셉과 같은 종교 지도자도 있었지만, 대부분의 종교적·정치적 권력자들은 예수의 조직을 눈엣가시처럼 여겼을 뿐만 아니라, 당대의 독립투사들이었던 젤롯당원들이나 양심적 지식인 그룹이라 말할 수 있는 바리새파 사람들도 예수를 적대시했습니다. 무력과 권력, 지식의 모든 방면에서 예수의 조직은 어떠한 비호도 받지 못한 채 오히려 은밀하게, 또는 공공연하게 탄압을 받았지요.

이러한 사태를 고려해본다면, 예수에게 안정적 조직론을 이야기하거나, 체계적 조직 운영과 조직원 양성을 요청하는 것 자체가 무리한 발상이라 볼 수 있습니다.

5

이러한 점을 종합적으로 살펴보았을 때, 예수의 조직은 너무나도 위태하고 나약하며, 예수의 조직원들도 별 볼일 없는 존재였기에 예수의 사후 조직의 와해는 너무도 당연한 것이었습니다. 혼비백산, 모든 조직원들은 예수가 체포되자마자 뿔뿔이 흩어져 제 살길을 찾아 돌아갔습니다.

그런데 여기에서 이야기가 끝나버렸다면, 오늘날의 기독교는 아예 탄생조차 하지 못하고 역사 속에서 소멸되고 말았을 겁니다. 그러나 기독교의 역사는 이와는 다른 새로운 이야기를 이어갑니다. 독립적 지성인이었던 철학자 소크라테스의 죽음 이후 그의 탁월한 제자였던 플라톤에 의해 그리스 철학의 가장 위대한 존재로 소크라테스가 부활하듯이, 예수 사후 뿔뿔이 흩어졌던 예수의 제자들은 다시 모여 환골탈태합니다. 도망가기 급급했던 제자들은 더 이상 도망가지 않고, 예수의 이야기를 전파하기 시작합니다. 죽음을 무서워했던 제자들은 더 이상 죽음을 두려워하지 않는 존재로 변합니다.

서기 70년에 이스라엘이 로마에 의해 멸망하고 이스라엘 백성들은 디아스포라(떠돌이) 신세가 되고 말지만, 예수를 전파하는 조직은 이전과는 다른 양상으로 마른 숲에 불이 번지듯이 퍼져나갑니다. 와해되었던 예수의 조직은 복원되었을 뿐 아니라 더욱더 확대되고 광범위하게 퍼져나갑니다. 이스라엘의 갈릴리 지방을 중심으로 했던 지역운동은 지중해 전역뿐만 아니라 아시아와 아프리카에도 퍼져나가는 전세계적 운동으로 변모합니다. 이 갑작스러운 변화를 어떻게 설명해야 할까요?

기독교는 이 변화의 원인을 예수의 부활로 설명합니다. 예수가 죽었다가 다시 살아나 제자들에게 나타났다는 것입니다. 나타나서 제자들에게 새로운 비전을 보여주었다는 거지요. 영생의 삶을 약속하는 비전 말입니다. 그리고 그 비전을 펼쳐나갈 수 있도록 성령을 보내어 그들에게 끊임없는 용기를 불러일으켰다고 말합니다.

더 나아가 예수 후에 사도를 자임했던 바울은 예수의 죽음과 부활에 새로운 의미를 부여합니다. 예수의 죽음과 부활은 인간의 죄로 인해 멀어졌던 하느님과 인간 사이에 단절을 이었으며, 이러한 예수를 믿음으로 새로운 삶을 살 수 있다는 교리를 완성합니다. 이른바 기독교의 시작입니다.

6

그러나 저는 이러한 견해보다는 좀 더 합리적인 설명을 해보려고 합니다. 예수의 조직은 그 정신에 있어 평등과 섬김을 강조합니다. 가난한 자와 소외된 자에 대한 하느님의 절대적이고 무조건적 사랑을 이야기합니다. 무력이나 경제력보다는 해방된 인간의 자유를 강조합니다. 누구나 하느님의 자녀임을, 하느님 나라에 누구나 조건 없이 초대될 수 있음을 실천합니다. 예수의 조직이 근원적으로 위험한 것은 이러한 정신이 무력과 경제력, 신분차별과 이에 대한 용인으로 유지되고 있었던 로마제국에게 새로운 저항의 비전을 보여주었다는 점 때문입니다.

아주 짧은 기간이지만 예수의 조직은 그러한 예수의 비전을 맛보았고, 몸소 실천해보았습니다. 그래서 그 기쁨과 해방감을 만끽해 봤습니다. 이제 나라를 잃고 로마제국에 편입된 이스라엘 민족은 최악의 상황을 맞아 더욱더 소외된 삶을 살 수밖에 없었습니다. 과거에는 식민지지만 나라라도 유지되었던 상황이었기에 단결하여 정치적 독립과 해방을 꿈꿨지만, 이제는 그 꿈마저 현실적으로는 불가능해지고 만 시점에서, 특히 예수의 조직 구성원들은 예수의 비전이 더욱더 간절해질 수밖에 없었겠지요. 예수와 함께한 시절의 그 벅찬 삶과 비전을 회복하고 싶었을 것입니다. 더 이상 무력으로 저항할 수 없는 시점에서, 이제 예수의 조직원들은 종교적 비전으로 생활정치를 시작했던 것입니다. 외부적으로 이뤄질 수 없는 자유와 해방을 내부적으로라도 이루지 않고서는 이 끔찍한 사태를 넘어설 방법을 찾을 수 없었을지도 모릅니다. 바로 그때입니다. 예수가 진정으로 그들의 마음속에서 부활한 것은.

예수의 무기력한 조직론은 이제 가장 강력한 무기가 됩니다. 거점 중심이 아니라 이동 중심의 조직론은 예수의 비전을 전파해 나가기에 적합한 형태가 됩니다. 영토적으로 다시 이스라엘을 회복할 수 없다면, 내면적으로라도 새로운 이스라엘(하느님의 나라)을 건설해야 합니다. 이제 하느님 나라는 이스라엘이라는 영토적 개념이 아니라, 그들이 있는 곳이라면 어디든지 선포되는 개념으로 변모합니다. (저는 이것이 교회론의 시작이라고 생각합니다.)

> "끝까지 견디는 사람은 구원을 얻을 것이다. 이 하늘나라의 복음이 온 세상에 전파되어서, 모든 민족에게 증언될 것이다. 그 때에야 끝이 올 것이다."
>
> _____ 마태복음 24 : 13~14

예수의 생애를 기록한 복음서는 공교롭게도 예루살렘 성전이 파괴되고, 이스라엘이 실질적으로 멸망한 서기 70년 이후에 기록되기 시작합니다. 다시 말해 나라 잃은 이스라엘 백성에게 전하는 복음(복된 소식)인 셈이지요. 대부분의 유대인들은 아직도 민족주의를 버리지 못하고 이스라엘의 영토적 복원을 꿈꿀 때, 예수를 따르던 조직원들은 민족주의를 버리고 세계주의로 나아갑니다. 이스라엘을 멸망시킨 로마제국의 입장에서 보자면 이제 큰 위협이 되는 것은 민족주의 회복을 주장하는 대부분의 유대인이 아닙니다. '팍스

로마나'를 외치며 무력으로 제국을 유지했던 로마와 신의 아들이자 그리스도인 로마 황제의 권력을 거부하고, 죽어버린 갈릴리 청년 예수를 신의 아들이자 그리스도라고 고백하며 사랑과 평등의 비전으로 예수를 전파하는 예수의 조직원들이 더욱더 위협적인 존재가 된 것입니다. 게다가 예수를 따르는 이들의 조직은, 로마제국과 타협하여 조직을 유지했던 대부분의 유대인 조직보다, 더욱더 빠르게 로마제국 속으로 침투하여 로마제국의 가치를 근원적으로 흔들기 시작했던 것입니다.

7

이스라엘이 식민지의 행태로라도 나라를 구성하고 있을 때에 예수의 조직원 중에서 로마제국의 의해 사형당한 사람은 오직 예수 한 사람뿐이었습니다. 그러나 나라를 잃고 나서 예수의 조직원들은 모두 체제를 위협하는 반란자가 됩니다, 그들은 정치적으로 결사하여 폭력혁명을 주장하지도 않았고, 중앙집중적 제도로 정비하여 거대 조직을 구성하지도 않았으며, 각기 뿔뿔이 흩어지고 이동하는 작은 조직에 불과했지만, 이제 이스라엘이라는 영토를 벗어나 제국의 손길이 닿은 곳이라면 어디든지 가서 로마제국과는 다른 이데올로기와 삶의 방식을 전파하는 세력이 되어버린 것입니다. 게다가 그들이 전파하는 복음은 로마제국뿐만 아니라 폭력과 차별의 형태를 띤 모든 지배체제에 염증을 느끼고 대안을 찾던 사람들

에게 그야말로 복음이 되었던 것이지요.

그 결과 부처나 공자, 소크라테스를 따르던 제자들의 운명과는 달리 예수를 따르던 제자들은 대부분 순교를 당하는 경이로운 사건이 벌어집니다. 다데오와 시몬은 페르시아 지역으로 가서 포교 활동을 하다가 톱으로 몸이 동강나는 형벌을 당합니다. 의심이 많았던 도마는 인도에서 선교 활동을 하다가 힌두교도의 창에 순교당합니다. 바돌로메는 에티오피아, 메소포타미아, 그리고 지금의 이란, 터키, 아르메니아에까지 선교 활동을 펼치다가 살가죽이 벗겨지는 참형을 당합니다. 그의 형제 안드레는 소아시아, 그리스 등에서 전도하다가 X자형 십자가에 달려 순교합니다. 요한은 베드로와 함께 선교 활동을 펼쳤고, 후에 체포되어 파트모스섬에 유배되어 지내다가 에페수스에서 죽습니다. 요한의 형인 야고보는 헤롯 아그리파 1세의 박해로 제자 가운데 최초로 순교합니다. 알패오의 아들 야고보(작은 야고보로도 알려져 있습니다)는 유대인 폭동(서기 62년) 때 순교합니다. 마지막으로 맏제자인 베드로는 로마에서 선교하다가 네로 황제의 박해로 순교합니다. 순교 당시 스승인 예수처럼 똑바로 십자가에 달릴 수 없다며 거꾸로 매달아 달라고 요청하여, 거꾸로 달린 채로 순교합니다.

8

이들은 정치인이 아니었으나 그 어느 정치인보다 정치적 영향력을 행사했습니다. 이들은 연약한 종교인에 불과했지만 이들의 생각과 삶은 그 어느 군인의 무기보다 강력하고 지속적인 무기가 되었습니다. 이들은 재력가가 아니었지만 그 어느 재력가보다도 더 큰 나눔의 재력가였습니다. 이들의 조직은 거대하지도 화려하지도 않았지만, 그 어느 조직보다도 더 방대하고 광활한 지역에 영향력을 행사했습니다. 이들의 순교는 예수의 조직이 당대 권력에게 얼마나 위협적이었는지를 보여주는 증거가 됩니다.

우리에겐 아무것도!
민중에겐 모든 것을!
___사파티스타 부사령관 마르코스

1

인간이 살아가야 할 도리를 '윤리'라 표현할 수 있다면, 윤리학은 인간의 도리에 대한 탐구가 될 것입니다. 인간은 홀로 살아갈 수 없기에 같이 살아나갈 방도를 찾아야만 하지요. 무인도에 살던 로빈슨 크루소도 결국 프라이데이가 필요했듯이, 우리도 살아가기 위해서는 누군가를 필요로 합니다. 문제는 같이 살아가야 할 대상에 대한 주체의 태도, 즉 나의 태도가 중요할 텐데요, 내가 어느 위치에 서느냐에 따라서 태도가 결정되겠지요. 부모냐 자식이냐, 선생이냐 제자냐, 주인이냐 손님이냐, 고용주냐 고용인이냐, 지배자냐 피지배자냐에 따라 태도가 달라지듯 우리는 늘 자신의 위치를 파악하고 그에 따라 처세의 방법을 택해 살고 있습니다.

세속적 삶의 기준은 강자에게는 약하고, 약자에게는 강한 방식으로 태도가 결정됩니다. 생존을 위한 가장 동물적 기준의 태도라 할 수 있을 겁니다. 그런데 인간의 철학이나 종교는 그러한 방식을 택하지 않습니다. 상황에 따라 조변석개하는 방식이 아니라, 무언가 원칙을 정하고, 그러한 원칙의 타당성을 검토한 후, 그에 적절한 방법론을 찾게 되지요. 지금 우리는 철학이나 종교 일반에 대한 이야기를 하는 시간이 아니라, 특정한 인물, 기독교의 기원이 되는 예수라는 인물을 탐구하는 시간이니, 논의의 폭을 좁혀야 하겠습니다.

예수 당시의 유대인들에게 목숨보다 중요한 것은 '성결(聖潔)'이었습니다. 타 민족과 자신을 구별하고, 선택 받은 민족으로 하느님 앞에 서기 위해서 무엇보다 필요한 것이 성결, 즉 '깨끗함'이었지요. 성전에서는 흠 없이 깨끗한 제물을 바쳐야 하고, 일상생활에서는 수없이 많은 성결법을 지켜야 하고, 더러운 타 민족과 섞여서는 안 되었습니다. 종교적 순결함은 언제 어디서든지 지켜져야 했지요. 더러운 자들은, 그것이 병에 의해서건, 단순한 생리현상이건 관계없이 성전의 출입을 금했을 뿐만 아니라, 심지어는 죄인으로 사회적 낙인이 찍혀야 했습니다. 그것은 성생활에도 똑같이 적용되었습니다. 여러 남자와 성관계를 맺은 자, 이민족과 결혼한 여인들은 돌로 맞아 죽거나 사회적으로 추방되거나 죄인으로 취급받으며 살아야 했습니다. 끔찍한 성결 강박이었습니다. 어쩌면 오래도록 이민족에게 노예 취급을 당하며 억압 받아온 유대인의 역사가 그러한 강박을 강화시켰을 것입니다.

특히 유대인 종교지도자들이나 지식인들은 자식의 종교권력과 지식권력을 확보하기 위해 더욱 병적으로 '깨끗함'을 강조하였습니다. 그것이 마치 하느님의 사랑을 받을 수 있는 절대적 조건이나 되는 양 말입니다. 특히 정치권력을 로마인들에게 빼앗긴 이후에 종교권력만이 남아 있는 상태에서 모든 유대인들에게 정신적, 육체적 깨끗함을 병적으로 강조하였지요. 유대인의 율법주의는 바로 이러한 병적인 성결 강박이 낳은 예수 당시의 최대 질병이었습니다.

3

예수의 무리가 끊임없이 비난받았던 지점도 바로 이러한 성결 문제였습니다. 다음 구절을 봅시다.

> 바리새파 사람들과 예루살렘에서 내려온 율법학자 몇 사람이 예수께로 몰려왔다. 그들은 예수의 제자들 가운데 몇 사람이 부정한 손 곧 씻지 않은 손으로 빵을 먹는 것을 보았다. ―바리새파 사람과 모든 유대 사람은 장로들의 전통을 지켜, 규례대로 손을 씻지 않고서는 음식을 먹지 않았으며, 또 시장에서 돌아오면, 몸을 정결하게 하지 않고서는 먹지 않았다. 그 밖에도 그들이 전해 받아 지키는 규례가 많이 있었는데, 그것은 곧 잔이나 단지나 놋그릇이나 침대를 씻는 일이다. ―그래서 바리새파 사람들과 율법학자들이 예수께 물었다. "왜 당신의 제자들은 장로들이 전하여 준 전통을 따르지 않고, 부정한 손으로 음식을 먹습니까?"
>
> ____마가복음 7 : 1~5

참으로 놀라운 위생관념이지요. 손을 씻지 않고 음식을 먹는 것 정도로 비난을 하니 말입니다. 하지만 바리새파(당대 지식인)와 율법학자들에게는 장로가 전해준 전통은 절대적인 것이었습니다. 이를 어기는 것은 예수 무리의 정당성을 의심하게 하고, 유대인으로서의 정체성을 부정하는 행위였지요. 그러나 예수는 그 전통을 이렇게 평가합니다. "너희는 하느님의 계명을 버리고, 사람의 전통을 지키고 있다."(8절) 예수가 보기에 성결은 하느님의 요구조건이 아니라 사람이 만들어놓은 전통에 불과하다는 겁니다. 그리고 좀 더 읽어 내려가면 다음과 같은 구절을 만납니다. 제자들을 따로 불러놓고 하는 말입니다. "밖에서 사람의 몸 속으로 들어가는 것이 사람을 더럽히지 못한다는 것을 알지 못하느냐? 밖에서 사람 안으로 들어가는 것은 무엇이든지, 사람의 마음 속으로 들어가지 않고, 뱃속으로 들어가서 뒤로 나가기 때문이다."(18, 19절)

음식을 먹기 전에 손을 씻는 문제만이 아닙니다. 이방인 여인과 말을 건네는 것도, 로마인에게 바칠 세금을 걷는 하급관리와 말을 하는 것도, 그들과 함께 식사를 하는 것도, 죄처럼 취급되는 병을 앓고 있는 사람의 몸을 마치는 것도 모두 종교법으로 금지되어 있었습니다. 그러나 예수는 하나같이 이와 같은 금지 조항을 보란 듯이 어겨버립니다. 그때마다 예수에게는 적들이 늘어나지요. 예수는 아랑곳하지 않습니다. 도대체 이 무모할 정도의 당당함은 어디서 오는 걸까요?

4

저는 이러한 예수의 당당함은 예수의 신관(神觀)에 따른 윤리학적 태도에서 나온다고 생각합니다. 예수의 하느님은 무조건적, 무차별적 사랑의 존재입니다. 그것은 당대의 유대인이 가졌던 조건적이고 차별적인 하느님과는 구별되는 것이지요. 다른 식으로 표현하면, 당대 유대인에게 하느님이 '인간의 사랑을 요구하는 하느님'이라면, 예수의 하느님은 '인간을 사랑하는 하느님'입니다. 요구에는 조건이 따르지만, 사랑에는 조건이 따르지 않습니다. 더러우냐 깨끗하냐, 부자냐 가난하냐, 귀족이냐 천민이냐, 지식인이냐 아니냐, 내국인이냐 외지인이냐, 남자냐 여자냐, 어른이냐 어린이냐, 의인이냐 죄인이냐, 동지냐 원수냐 가리고 따지고 묻는 것은 인간에게나 해당되는 일입니다. 하느님의 사랑은 선과 악을 넘어서 있습니다.

문제는 예수가 이러한 신의 절대적인 사랑을 자신의 윤리로 받아들였다는 점입니다. 예수는 말합니다.

" '네 이웃을 사랑하고, 네 원수를 미워하여라'(레위기 19:18) 하고 말한 것을 너희는 들었다. 그러나 나는 너희에게 말한다. 너희 원수를 사랑하고, 너희를 박해하는 사람을 위하여 기도하여라. 그래야만 너희가 하늘에 계신 너희 아버지의 자녀가 될 것이다. 아버지께서는, 악한 사람에게나 선한 사람에게나 똑같이 해를 떠오르게 하시고, 의로운 사람에게나 불의한 사람에게나 똑같이 비를 내려주신다. 너희를 사랑하는 사람만 너희가 사랑하면, 무슨 상을 받겠느냐? 세리도 그만큼은 하지 않느냐? 또 너희가 너희 형제자매들에게만 인사를 하면서 지내면, 남보다 나을 것이 무엇이냐? 이방 사람들도 그만큼은 하지 않느냐? 그러므로 하늘에 계신 너희 아버지께서 완전하신 것 같이, 너희도 완전하여라."

_____마태복음 5 : 43~48

신에 대한 새로운 각성은 자신의 삶에 대한 새로운 윤리를 촉구합니다. 예수에게 하느님은 악인이나 선인이나 똑같이 떠오르는 해나 내리는 비와 같은 존재입니다. 이러한 각성은 갑작스럽게 생겨나는 것이 아니라, 가난하고 더럽게 살 수밖에 없었던 어렸을 때부터 형성된 것이지요. 정치 권력자나 종교 권력자들은 모두 빼앗고, 가르고, 차별합니다. 그러나 하늘은 언제나 평등하게 인간에게 해를 올리고 비를 내려줍니다. 그것이 예수가 거친 밭에 씨를 뿌리며, 언덕에서 양을 치며, 강가에서 고기를 잡으며, 포도밭에서 포도를 따며, 진흙을 이겨 집을 지으며, 돌을 깎아 길을 닦으며 만난 하느님입니다. 그 하느님의 사랑으로 사람들을 초대하는 것, 자신이 있는 곳을 하느님의 자리로 만들어내는 것, 자신의 삶을 신처럼 완전하게 하는 것, 그것이 인간 예수가 정초한 윤리학의 초석입니다.

5

그리하여 예수의 윤리학은 '가난하고 더러운 자를 위한 윤리학'입니다. 스스로가 가난하고 더러운 처지에 놓여 있기에 깨닫게 된 윤리학이지요. 그러니 '가난하고 더러운 자의 윤리학'이기도 합니다. 가난하고 더럽게 살았기에 만난 하느님이었고, 그렇게 만난 하느님이 예수 윤리학의 출발이었다고 생각합니다. 가난하기 때문에 생겨난 더러움은 씻어 없애야 하는 상태가 아니라, 배고픔 때문에 나타나는 자연스런 현상이었고, 배고픔이 사라지면 자연스럽게 해결할 수 있는 사태였습니다. 예수에게 가난은 벗어나야 할 조건이 아니라, 당대의 유대인이 믿었던 하느님과는 다른 하느님을 만날 수 있는 조건이었고, 그래서 예수의 무리들에게 요구한 유일한 조건이었습니다. 그래서 예수를 찾아온 '한 사람'에게도 가난을 요구했습니다.

예수께서 길을 떠나시는데, 한 사람이 달려와서, 그 앞에 무릎을 꿇고 그에게 물었다. "선하신 선생님, 내가 영원한 생명을 얻으려면, 무엇을 해야 합니까?" 예수께서 그에게 말씀하셨다. "어찌하여 너는 나를 선하다고 하느냐? 하느님 한 분밖에는 선한 분이 없다. 너는 계명을 알고 있을 것이다. '살인하지 말아라, 간음하지 말아라, 도둑질하지 말아라, 거짓으로 증언하지 말아라, 속여서 빼앗지 말아라, 네 부모를 공경하여라' 하지 않았느냐?" 그가 예수께 말하였다. "선생님, 나는 이 모든 것을 어려서부터 다 지켰습니다."
예수께서 그를 눈여겨보시고, 사랑스럽게 여기셨다. 그리고 그에게 말씀하셨다. "너에게는 한 가지 부족한 것이 있다. 가서, 네가 가진 것을 다 팔아서, 가난한 사람들에게 주어라. 그리하면, 네가 하늘에서 보화를 차지하게 될 것이다. 그리고, 와서, 나를 따라라." 그러나 그는 이 말씀 때문에, 울상을 짓고, 근심하면서 떠나갔다. 그에게는 재산이 많았기 때문이다. 예수께서 둘러보시고, 제자들에게 말씀하셨다. "재산을 가진 사람은, 하느님의 나라에 들어가기가 참으로 어렵다."

_____마가복음 10 : 17~23

보셨다시피 이 사람은 우리가 보기에 거의 완벽에 가까울 정도로 윤리적 인간입니다. 그러나 예수는 이 사람에게 더한 것을 요구합니다. "그대가 가진 것을 다 팔아서, 가난한 사람들에게 주어라. 그리고, 와서, 나를 따라라." 그러자 이 사람의 반응을 보세요. 예수의 말 때문에 '울상을 짓고, 근심하면서 떠나갔다'고 기록되어 있습니다. 그는 부자였던 것이지요. 결국 이 사람의 윤리는 그의 부유함이라는 조건이 뒷받침해준 것이었습니다. 그 부유함이라는 조건을 지워버리면 그의 윤리는 무너지고 말지도 모르지요.

부유함을 비난하거나 가난함을 옹호하기 위해서가 아닙니다. 부유함이 보여주는 너그러움과 가난함이 드러내는 극악함을 우리는 충분히 알고 있습니다. 그러기에 가난해야 행복하다고 말하거나, 부유한 사람도 불행할 수도 있다고 자위해서는 안 됩니다. 특히 가난이 사회적 불평등으로 인해 야기된 사태라면 더더욱 그렇습니다. 예수 또한 이를 잘 알고 있었습니다. 예수가 정작 이야기하고픈 것은, 가난함에도 하느님의 사랑을 경험할 수 있다는 것입니다. 의인이나 부자가 경험하는 차별적이고 조건적인 하느님이 아니라, 죄인과 가난한 자가 경험할 수 있는 무차별적이고 무조건적인 하느님을 말입니다.

6

예수는 부자를 미워하고, 가난한 자를 사랑한 것이 아닙니다. 하느님이 의인이건 죄인이건 해나 비를 선사하듯, 예수 또한 부자이든 가난한 자이든 차별하지 않습니다. 예수의 사랑은 예수가 믿는 하느님으로부터 받은 것입니다. 그러기에 예수를 따르려는 자는 이 무조건적이고 무차별적인 사랑을 해야만 합니다. 앞서 '한 사람'에게 요구한 것 역시 모든 사람에게 요구하는 조건이 아니라 예수를 따르려는 사람에게 요구하는 조건입니다.

예수 공동체의 조건은 하나입니다. 부자이든 가난한 자이든, 의인이든 죄인이든, 유대인이든 이방인이든, 남자든 여자든 무조건적 사랑을 실천해야 합니다. 그것이 예수가 실천하고픈 윤리이며, 예수 공동체의 행동강령입니다. 그것은 자신의 처지에서 요청되는 윤리가 아니라, 하느님에 대한 전적인 믿음과 신뢰에서 오는 것입니다. 그래서 예수는 제자들에게 말합니다.

"그러므로 내가 너희에게 말한다. 목숨을 부지하려고 '무엇을 먹을까' 하고 걱정하지 말고, 몸을 보호하려고 '무엇을 입을까' 하고 걱정하지 말아라. 목숨은 음식보다 더 소중하고, 몸은 옷보다 더 소중하다. 까마귀를 생각해 보아라. 까마귀는 씨를 뿌리지도 않고, 거두지도 않고, 또 그들에게는 곳간이나 창고도 없다. 그러나 하느님께서 그들을 먹여주신다. 너희는 새보다 훨씬 더 귀하지 않으냐? 너희 가운데서 누가 걱정한다고 해서, 제 수명을 한 순간인들 늘일 수 있느냐? 또는 '제 키를 한 자인들 크게 할 수 있느냐?' 너희가 지극히 작은 일도 못하면서, 어찌하여 다른 일들을 걱정하느냐?

백합꽃이 어떻게 자라는지를 생각해 보아라. 수고도 하지 아니하고, 길쌈도 하지 않는다. 그러나 내가 너희에게 말한다. 자기의 온갖 영화로 차려 입은 솔로몬도 이 꽃 하나만큼 차려 입지 못하였다. 믿음이 적은 사람들아, 오늘 들에 있다가 내일 아궁이에 들어갈 풀도 하느님께서 그와 같이 입히시거든, 하물며 너희야 더 잘 입히지 않으시겠느냐? 그러므로 너희는, 무엇을 먹을까 무엇을 마실까 하고 찾지 말고, 염려하지 말아라. 이런 것은 다 이방 사람들이 추구하는 것이다. 너희 아버지께서는, 이런 것이 너희에게 필요하다는 것을 아신다.

그러므로 너희는 하느님의 나라를 구하여라. 그리하면 이런 것들을 너희에게 더하여 주실 것이다."

_____누가복음 12 : 22~31

까마귀와 백합꽃으로 대변되는 자연을 먹이고 살리는 분이 바로 하느님이다, 그보다 더 귀한 인간을 외면하시겠느냐? 그러니 염려하지 말고, 하느님 나라를 구하여라. 이렇게 예수는 제자들(!)에게 말합니다. 의식주의 문제를 걱정하지 말고, 하느님의 나라를 구하면 나머지는 하느님이 해결할 것이라고 예수는 강조합니다. 물론 이는 선언입니다. 현실은 아니지요.

위의 구절을 삐딱한 시선에서 보자면, 현실에서 예수의 제자들은 늘 목숨 부지를 위해서 무엇을 먹을까, 무엇을 입을까를 걱정해야만 하는 처지였음을 짐작할 수 있습니다. 극빈의 상태였던 거지요. 이러한 상황을 예수가 몰랐을 리 없습니다. 하지만 예수는 제자들에게 위로의 말을 하지 않고 더욱 분명한 태도를 촉구합니다.

7

예수는 심지어 제자들을 파견할 때 이렇게 요구합니다.

> 길을 떠날 때에는, 지팡이 하나밖에는 아무것도 가지고 가지 말고, 빵이나 자루
> 도 지니지 말고, 전대에 동전도 넣어 가지 말고, 다만 신발은 신되, 옷은 두 벌 가
> 지지 말라.
>
> ＿＿마가복음 6 : 8~9

　조직에는 자금이 필요하고, 파견을 보낼 때는 적어도 여비라도
챙겨주는 것이 인지상정입니다. 그런데 예수는 제자들에게 무일푼
을 요구합니다.[21] 가진 것을 나누라는 것이 아니라, 가지지 않고
나누라는 것입니다. 하느님에 대한 전적인 신뢰와 믿음을 빼고는
이러한 요구가 불가능한 것입니다. 기적을 바라는 것일까요? 아닙
니다. 사랑의 힘을 믿는 것입니다. 예수가 믿는 사랑은 자신으로
부터 나오는 것이 아닙니다. 모든 것을 더하여 줄 하느님으로부터
나오는 것입니다. 바로 이 지점이 세속적 윤리와 예수의 윤리가 갈
라지는 지점이며, 예수의 급진주의를 확인하는 지점입니다.
　세속적 윤리는 자신의 존엄을 극대화하면서 삶을 실현합니다.
그러나 예수의 윤리는 자신의 존엄을 극소화함으로써 실현합니
다. 높아짐이 아니라 낮아짐으로써 실현하는 것이며, 가짐이 아니
라 나눔으로 이뤄가는 것입니다. 대접받음이 아니라 섬김으로 표

현됩니다. 첫째와 꼴찌의 이야기는 이러한 맥락에서 이해할 수 있습니다.

예수께서 앉으신 다음에, 열두 제자를 불러 놓고, 그들에게 말씀하셨다. "누구든지 첫째가 되고자 하면, 그는 모든 사람의 꼴찌가 되어서 모든 사람을 섬겨야 한다."

_____마가복음 9 : 35

더 나은 처지가 아니라 더 낮은 처지를 요구하는 예수의 태도는 제자들 사이에서도 이해하기 힘든 지점이었습니다. 그래서 다음과 같은 소동도 벌어지는 것이지요.

21 크로산은 예수 공동체의 행동 강령과 디오게네스로 대표되는 견유학파의 유사성을 주목했습니다. 예수가 활동했던 갈릴리는 시골 깡촌이 아니라 세포리스라는 헬라식 신도시가 건설된 곳과 그리 멀지 않은 곳이었습니다. 당대 이스라엘은 사상적으로 폐쇄된 곳이 아니라 헬라식 문화와 학문이 자연스럽게 확산될 수 있는 로마의 식민지였지요. 차이가 있다면 예수 공동체가 농촌 중심으로 활동했다면 견유학파들은 도시를 중심으로 활동했다는 점입니다. 크로산은 견유학파에 대해서 다음과 같이 진술합니다. "견유철학자들은 자유를 통한 행복을 추구했다. 견유철학적 자유 개념은 욕망으로부터의 자유, 불안, 분노, 슬픔과 그 외의 다른 감정들로부터의 자유, 종교적 또는 도덕적 통제로부터의 자유, 도시나 국가 또는 정부 관리들의 권위로부터의 자유, 여론에 대한 염려로부터의 자유, 그리고 재산에 대한 걱정으로부터의 자유, 어떤 지방색에 국한되는 것으로부터의 자유, 아내와 자식을 부양하고 책임지는 것으로부터의 자유…를 포함한다. 견유철학자들은 다른 사람들의 전통과 관습들은 조롱하지만 그들 자신의 것들을 지키는 데는 엄격하다. 견유철학자는 자신의 전대나 지팡이, 그리고 오른쪽 어깨를 다 드러낼 만큼 해어지고 찢어진 더러운 외투를 걸치지 않고서는 아무 곳에도 나서지 않는다. 그들은 신을 신는 법이 없으며, 머리와 수염은 길고 텁수룩하다."(존 도미닉 크로산, 『예수 : 사회적 혁명가의 전기』, 한국기독교연구소, 176~177에서 재인용 ; Farrand Sayre, The Greek Cynics, Baltimore : Furst, 1948.)

세베대의 아들들인 야고보와 요한이 예수께 다가와서 말하였다. "선생님, 우리가 요구하는 것은, 무엇이든지 해주시기 바랍니다." 예수께서 그들에게 말씀하셨다. "너희는 내가 너희에게 무엇을 해주기를 바라느냐?" 그들이 그에게 대답하였다. "선생님께서 영광을 받으실 때에, 하나는 선생님의 오른쪽에, 하나는 선생님의 왼쪽에 앉게 하여 주십시오." 예수께서 그들에게 말씀하셨다. "너희는, 너희가 구하는 것이 무엇인지를 모르고 있다. 내가 마시는 잔을 너희가 마실 수 있고, 내가 받는 세례를 너희가 받을 수 있느냐?" 그들이 그에게 말하였다. "할 수 있습니다." 예수께서 그들에게 말씀하셨다. "내가 마시는 잔을 너희가 마시고, 내가 받는 세례를 너희가 받을 것이다. 그러나 내 오른쪽과 내 왼쪽에 앉는 그 일은, 내가 허락할 수 있는 일이 아니다. 정해 놓으신 사람들에게 돌아갈 것이다."

그런데 열 제자가 이것을 듣고, 야고보와 요한에게 분개하였다. 그래서 예수께서는 그들을 곁에 불러 놓고, 그들에게 말씀하셨다. "너희가 아는 대로, 이방 사람들을 다스린다고 자처하는 사람들은, 백성들을 마구 내리누르고, 고관들은 백성들에게 세도를 부린다. 그러나 너희끼리는 그렇게 해서는 안 된다. 너희 가운데서 누구든지 위대하게 되고자 하는 사람은 너희를 섬기는 사람이 되어야 하고, 너희 가운데서 누구든지 으뜸이 되고자 하는 사람은 모든 사람의 종이 되어야 한다. 인자는 섬김을 받으러 온 것이 아니라 섬기러 왔다."

_____마가복음 10 : 35~45

예수가 이토록 윤리적 태도를 엄격하게 취하는 것은 권력의 위험성을 인지했기 때문일까요? 적어도 예수가 살아있을 때에는 권력이 보여주는 차별적 윤리를 극도로 혐오했음이 분명합니다. 그것은 자신에게도 적용되는 분명한 태도였지요. 그래서 불쑥불쑥

튀어나오는 예수 공동체 내의 권력화에 대해서 극단적으로 경계했던 것입니다.

8

예수는 가난하기에 더러웠고, 그러한 처지였기에 무차별적이고 무조건적인 하느님의 사랑을 발견할 수 있었습니다. 그는 가난을 감사하지는 않았지만 가난을 부끄러워하지도 않았습니다. 더러움도 마찬가지입니다. 오히려 그는 적어도 그 자신과 그의 조직에게는 극빈에 해당하는 가난을 절대적 조건으로 삼았습니다. 이는 하느님에 대한 전적인 신뢰와 믿음에 기초한 것이었습니다. 권력의 차별성을 혐오하고, 더 낮아지고 더 섬기며 꼴찌가 되기를 추구했습니다. 결국 그는 자신의 죽음으로 하느님을 신뢰하는 사랑의 윤리학을 완성했습니다.

가난하고 더러운 자의 윤리학이라 지칭했던 무조건적 사랑의 윤리학이 지향하는 목표는 당연히 가난하고 더러운 자에게 하느님의 나라를 선사하는 것이었습니다. 그는 가는 곳마다 하느님 나라를 이야기했고, 그와 함께 하는 사람들은 하느님 나라를 경험했습니다. 그 경험의 가장 일상적 모습은 무차별적으로 열린 식사였지요. 어떠한 조건도 없이 초대되는 이 식사에 참여하는 사람들은 하느님의 사랑을 느낄 수 있었습니다. 깨끗하게 씻으라는 요청도, 죄인은 들어오지 말라는 금지도, 지위에 따른 차별도 없었습니다.

그야말로 "가난한 사람은 복이 있다. 하늘나라가 너희의 것이다"(도마복음 54)라는 선포가 현실이 되는 현장이었습니다. 그 현장을 성서는 이렇게 형상화합니다.

> (주인은) 자기 종들에게 말하였다. "혼인 잔치는 준비되었다. (……) 그러니 너희는 네 거리로 나가서, 아무나, 만나는 대로 잔치에 청해 오너라." 종들은 큰길로 나가서, 악한 사람이나, 선한 사람이나, 만나는 대로 다 데려왔다. 그래서 혼인 잔치 자리는 손님으로 가득 차게 되었다.
>
> ____마태복음 22 : 8~10

선과 악을 넘어서는 무차별적 예수 윤리의 실천은, 칼을 들지는 않았지만 그 무차별성으로 인해 정치권력과 충돌했으며, 불을 들지는 않았지만 그 무조건성으로 인해 종교권력에게 위협이 되었습니다. 예수는 그의 적대자에게 '칼'[22]이자 '불'[23]이었습니다. 예수는 무장강도보다 방화범보다 위험한 존재가 되었습니다. 사랑은 이처럼 불온하고 위험한 것입니다.

---

22 "너희는 내가 세상에 평화를 주려고 온 줄로 생각하지 말아라. 평화가 아니라 칼을 주려고 왔다." (마태복음 10:34)
23 "나는 세상에다가 불을 지르러 왔다. 불이 이미 붙었으면, 내가 바랄 것이 무엇이 더 있겠느냐? (……) 너희는 내가 세상에 평화를 주러 온 줄로 생각하느냐? 내가 너희에게 말한다. 그렇지 않다. 도리어, 분열을 일으키러 왔다." (누가복음 12:49, 51)

12 예수 이후
—쓰레기처럼, 찌꺼기처럼

우리는 이 세상의 쓰레기처럼 되고,
이제까지 만물의 찌꺼기처럼 되었습니다.

___고린도전서 4:13

1

이제 예수를 탐색하는 우리의 여행도 끄트머리에 도달했습니다. 이
번에 우리가 살펴볼 인물은 예수가 아니라 바울(유대 이름으로는 사
울)입니다. 바울은 신약성서에서 가장 많은 저술을 남겼으며, 그가
쓴 저술은 기독교―특히 개신교―에게 큰 영향력을 행사하고 있습
니다. 개신교에서 이해하는 기독교의 교리는 대부분 바울에 근거
한 것입니다. 예수 사후에 기독교 전파에도 혁혁한 공로를 남긴 바
울은 여러모로 특이한 인물이었습니다. 이는 좀 뒤에 살펴보기로
하죠.

한국 기독교계에서 바울은 주로 보수적 입장을 가진 사람들의
대변인입니다. 종교개혁 당시 루터가 외쳤던 "오직 믿음으로!"라
는 바울의 슬로건은, 한국 교계에서는 사회적 실천을 외면하고, 개
인적 구원을 강조하는 데 주로 사용됩니다. 부정한 정권을 용인하
고,[24] 여성을 억압하며,[25] 노예제도를 정당화하는[26] 논리 역시 바
울 서신에서 그 근거를 찾아냅니다. 그래서 진보적인 입장을 취하
는 사람들 중 일부는 바울이야말로 예수의 근본정신을 희석시키
고, 기존 제도와 타협하고, 심지어는 이 세상의 부정과 부패를 외
면한 채 종교적 내세만을 강조하고 있다고 비판하기까지 합니다.
가히 반동적인 인물이라 할 수 있지요.

그렇지만 최근 들어 바울에 대한 탐구가 심화되면서 바울에 대
한 새로운 시선들을 확보하려는 노력이 기독교계뿐만 아니라 철학

계에서도 형성되고 있습니다. 진보적 신학자인 마커스 보그와 존 크로산은 『첫번째 바울의 복음』이라는 저술을 통해 바울 서신을 새롭게 분류합니다. 급진적인 철학자로 알려진 알랭 바디우, 조르지오 아감벤, 자크 데리다 등 현대철학자들은 바울에 대한 연구서를 냈을 뿐만 아니라, 최근에는 슬라보예 지젝도 이 대열에 가담하였습니다. 한국에서는 김진호가 『리부팅 바울』이라는 저술을 냄으로써 그간의 바울에 대한 신학계와 철학계의 논의를 비교분석하면서 바울에 대한 논의를 풍부하게 하고 있습니다. 도대체 그들은 바울의 어떤 점에 주목한 것일까요? 이러한 물음도 차츰 살펴보도록 하겠습니다.

24 왕들과 높은 지위에 있는 모든 사람을 위해서도 기도하십시오. 그것은 우리가 경건하고 품위 있게, 조용하고 평화로운 생활을 하기 위함입니다. 이것은 우리 구주 하느님께서 보시기에 좋은 일이며, 기쁘게 받으실 만한 일입니다. (디모데전서 2:2~3)

25 여자는 조용히, 언제나 순종하는 가운데 배워야 합니다. 여자가 가르치거나 남자를 지배하는 것을 나는 허락하지 않습니다. 여자는 조용해야 합니다. 사실, 아담이 먼저 지으심을 받고, 그 다음에 하와가 지으심을 받았습니다. 아담이 속임을 당한 것이 아니라, 여자가 속임을 당하고 죄에 빠진 것입니다. 그러나 여자가 믿음과 사랑과 거룩함을 지니고, 정숙하게 살면, 아이를 낳는 일로 구원을 얻을 것입니다. (디모데전서 2:11~15)

26 종의 멍에를 메고 있는 사람은 자기 주인을 아주 존경할 분으로 여겨야 합니다. 그렇게 하여야, 하느님의 이름과 우리의 가르침에 욕이 돌아가지 않을 것입니다. (디모데전서 6:1)

2

우선 바울이라는 인물의 특이성을 살펴보는 것이 순서일 것 같습니다.

첫째, 예수나 그를 따르던 무리들이 갈릴리 나사렛이라는 시골을 중심으로 활동했던 보잘 것 없는 하층민 출신이었다면, 바울은 길라기아 다소라는 대도시에서 활동했던 종교 지도자 출신이었습니다. 흙수저와 은수저 정도의 차이라고 말하면 이해하기 쉬울라나요.

바울은 로마 시민권도 가지고 있었기에 당연히 라틴어를 알았고, 당시 귀족의 언어였던 헬라어에 능통했고(바울 서신은 모두 헬라어로 씌어졌습니다.) 민중의 언어인 아람어로도 말할 수 있었지요. 예루살렘으로 유학을 와서 당대에 가장 유명했던 랍비 가말리엘에게 히브리어 경전에 대해 배웠습니다. 4개 언어에 능통한 지식인 중의 지식인이었다는 말입니다.

둘째로 예수와 그의 제자들은 의도적으로 율법을 어겼으며, 바리새파와 적대했다면, 바울은 율법을 중시하는 바리새파 사람이었고, 열성적으로 계율을 따르는 사람이었습니다.

셋째로 예수와 그 무리들이 이스라엘을 거의 벗어나본 적이 없는 토박이들이었다면, 바울은 출생부터가 이스라엘 외부인 다소에서 태어나 활동했던 디아스포라(diaspora,이스라엘 바깥에서 흩어져 사는 유대인)이었습니다. 주변의 대부분이 유대인들에 둘러싸여 있으면서 소수의 로마인의 지배하에 있었던 토박이들과, 주변의 대부분이 로마인들에 둘러싸여 있으면서 소수의 유대인으로 살아야 했던 바울을 상상해보세요. 바울은 자신이 유대인이라는 정체성을 확보하기 위해 더욱 더 원칙적이며 폐쇄적인 율법주의자로 살아야 했지요.

이상의 정보에 입각해보면, 바울과 예수 그룹은 결코 동지가 될 수 없는 적대적인 관계를 맺을 수밖에 없습니다. 너무나 당연히도 바울은 왕성하게 예수 그룹을 탄압하고 파괴하는 행동대원으로 활동했습니다.

사울은 여전히 주님의 제자들을 위협하면서, 살기를 띠고 있었다. 그는 대제사장에게 가서, 다마스쿠스에 있는 여러 회당으로 보내는 편지를 써 달라고 하였다. 그는 그 '도'를 믿는 사람은 남자나 여자나 가리지 않고, 닥치는 대로 묶어서, 예루살렘으로 끌고 오려는 것이었다.

_____사도행전 9 : 1~2

내가 전에 유대교에 있을 적에 한 행위가 어떠하였는가를, 여러분이 이미 들은 줄 압니다. 나는 하느님의 교회를 몹시 박해하였고, 또 아주 없애버리려고 하였습니다. 나는 내 동족 가운데서, 나와 나이가 같은 또래의 많은 사람보다 유대교 신앙에 앞서 있었으며, 내 조상들의 전통을 지키는 일에도 훨씬 더 열성이었습니다.

_____갈라디아서 1 : 13~14

바울이 보기에 로마에 저항하다가 사형수로 십자가에 못 박혀 죽은 사형수 예수를 '그리스도'로 고백하는 예수 그룹은 유대교 전체를 모독하는 참혹한 이단에 불과했습니다. 그들은 뿌리뽑아야 할 암적 존재였으며, 유대인 사회에서 용납될 수 없는 세력이었지요. 특히 그들의 모여 하는 짓거리들은 하나같이 율법을 어기고 유대인 사회를 타락시키는 것으로밖에 볼 수 없었습니다.

3

그런데 그런 바울이 회심을 합니다. 예수의 무리를 체포하기 위해서 길을 가는 도중, 다마스쿠스에서 하늘의 환한 빛이 자신에게 비추면서, 그 속에서 예수의 목소리를 듣습니다. 그리고 사흘 동안 눈이 멀어 먹지도 마시지도 못하는 상태에 빠지지요. 성서에 기록된 것은 이 사건이 전부입니다. 이 사건 이후에 바울은 예수 무리를 탄압하는 바울이 아니라, 예수를 전파하는 바울로 거듭납니다. 이러한 바울의 변신은 주변 사람들 모두를 놀라게 하지요.

사울은 며칠 동안 다마스쿠스에 있는 제자들과 함께 지냈다. 그런 다음에 그는 곧 여러 회당에서 예수가 하느님의 아들이심을 선포하였다. 그 말을 듣는 사람들은 다 놀라서 말하였다. "이 사람은, 예루살렘에서 예수의 이름을 부르는 이들을 마구 죽이던, 바로 그 사람이 아닌가? 그가 여기 온 것도, 그들을 잡아서 대제사장들에게로 끌고 가려는 것이 아닌가?" 그러나 사울은 더욱 더 능력을 얻어서, 예수가 그리스도이심을 증명하면서, 다마스쿠스에 사는 유대 사람들을 당황하게 하였다.

_____사도행전 9 : 19~22

참으로 당황할 만한 일이 벌어진 것입니다. 도대체 바울의 신비 체험이 바울에게 어떻게 작동했기에 바울은 그토록 극적으로 회심 한 것일까요? 적의 괴수가 그리스도가 되고, 적들이 동지가 되고, 자신의 기득권을 완전히 포기하고, 자신의 신념체계를 완전히 무 너뜨리고, 결국은 자신의 목숨마저 바치는 존재로 거듭난 것일까 요? 우리는 알 수 없습니다.

극좌가 극우로 변신하는 것은 흔한 일입니다. 권력과 제물의 유 혹은 그토록 강렬한 것이니까요. 그렇지만 바울처럼 극우(?)가 극 좌(?)로 변신하는 것은 아주 드물고 드문 일입니다. 자신의 모든 것을 포기해야 하기 때문입니다. 그런데 바울은 그 어려운 일을 해 냅니다.

바울의 이러한 회심을 모두가 의심 없이 받아들인 것은 아닙니 다. 조직을 파괴하기 위해 위장하여 내부로 침투한 스파이일 수도 있기 때문입니다. 그리하여 바울은 내외적으로 의심받는 존재가 됩니다. 당시만 하더라도 예수와 함께 활동했거나 예수를 직접 목 격한 사람들이 대다수를 차지했던 예수 공동체는 그를 두려워하 며 바라봅니다. 어제의 적이 갑작스레 동지가 된 것도 의심스러운 일이거니와, 예수 생전에 한 번도 예수와 마주친 적도 없는 바울이 예수의 목소리를 들었다는 것도 믿기 어려운 일이지요. 다른 한편 이전에 바울과 같이 예수 그룹을 탄압했던 동지들도 바울에게 배

신감을 느꼈을 것입니다. 심지어 배신한 바울을 죽이려하기까지
합니다. 결국 바울은 다시 자신의 활동지인 다소로 갈 수밖에 없
었습니다.

<h2 style="text-align:center">4</h2>

결국 바울은 자신의 회심을 증명하기 위해 죽을 때까지 갈등하며
탄압을 받고 살아야 할 운명에 처하게 됩니다. 활동 당시 바울은
끊임없이 견제당하고, 의심받는 영원한 소수파일 수밖에 없었습니
다. 예수 그룹에서도 소수파에 속하는 바울이 택한 전략은 소수파
답게 급진적이었습니다. 그리고 그가 택한 급진적 전략 덕분에 기
독교는 지역 종교에서 보편 종교로 확장될 수 있는 전기를 마련합
니다. 참으로 역사의 아이러니가 아닐 수 없습니다.

바울은 우선 자신을 급진적으로 변신시킵니다. 자신의 기득권
을 모두 포기한 겁니다.

나는 내게 이로웠던 것은 무엇이든지 그리스도 때문에 해로운 것으로 여기게 되
었습니다. 그뿐만 아니라, 내 주 예수 그리스도를 아는 지식이 가장 고귀하므로,
나는 그 밖의 모든 것을 해로 여깁니다. 나는 그리스도 때문에 모든 것을 잃었고,
그 모든 것을 오물로 여깁니다. 나는 그리스도를 얻고, 그리스도 안에 있는 사람
으로 인정받으려고 합니다. 나는 율법에서 생기는 나 스스로의 의가 아니라, 그리
스도를 믿는 믿음으로 말미암아 오는 의 곧 믿음에 근거하여, 하느님에게서 오는

의를 얻으려고 합니다. 내가 바라는 것은, 그리스도를 알고, 그분의 부활의 능력을 깨닫고, 그분의 고난에 동참하여, 그분의 죽으심을 본받는 것입니다. 그리하여 나는 어떻게 해서든지, 죽은 사람들 가운데서 살아나는 부활에 이르고 싶습니다.

_____빌립보서 3 : 7~11

자신의 기득권을 오물로 여기고, 예수의 고난과 죽음에 동참함으로 부활에 이르고 싶다는 바울의 고백은 참으로 놀랍습니다. 심지어 바울은 사형수처럼 대접받고, 당시 노예나 하는 고된 노동을 하면서 쓰레기처럼, 찌꺼기처럼 살아가는 것을 두려워하지 않았습니다.

내가 생각하기에, 하느님께서는 사도들인 우리를 마치 사형수처럼 세상에서 가장 보잘것없는 사람들로 내놓으셨습니다. 우리는 세계와 천사들과 사람들에게 구경거리가 된 것입니다. (······) 우리는 바로 이 시각까지도 주리고, 목마르고, 헐벗고, 얻어맞고, 정처 없이 떠돌아다닙니다. 우리는 우리 손으로 일을 하면서, 고된 노동을 합니다. 우리는 욕을 먹으면 도리어 축복하여 주고, 박해를 받으면 참고, 비방을 받으면 좋은 말로 응답합니다. 우리는 이 세상의 쓰레기처럼 되고, 이제까지 만물의 찌꺼기처럼 되었습니다.

_____고린도전서 4 : 9~13

심지어 바울은 자신의 유대인으로서의 정체성도 포기합니다. 율법 주의를 숭상하는 바리새파의 핵심 교리인 할례(요즘의 포경수술)와 정결음식법(이방인의 제사 음식을 먹지 않음)을 더 이상 강조하지 않습니다. 드디어 기독교가 유대교의 테두리에서 벗어나는 대목입니다.

> 할례를 받은 몸으로 부르심을 받은 사람은 굳이 그 할례 받은 흔적을 지우려고 하지 마십시오. 할례를 받지 아니한 처지에서 부르심을 받은 사람은 굳이 할례를 받으려고 하지 마십시오. 할례를 받은 것이나 안 받은 것이나, 그것은 문제가 아니고, 하느님의 계명을 지키는 것이 중요합니다.
>
> ____고린도전서 7 : 18~19

> 그런데 우상에게 바친 고기를 먹는 일을 두고 말하면, 우리가 알기로는, 세상에 우상이란 것은 아무것도 아니고, 오직 하느님 한 분밖에는 신이 없습니다. (……) 음식을 먹지 않는다고 해서 손해 볼 것도 없고, 먹는다고 해서 이로울 것도 없습니다.
>
> ____고린도전서 8 : 4, 8

이러한 바울의 전략은 당시 유대교의 분파로서 자리매김되고 있었던 기독교를 유대교와는 완전히 다른 종교로 탈바꿈하는 역할을 합니다. 그에 따라 선교 전략 역시 이방인을 유대인으로 만든 후 기독교인이 되게 하는 이중전략에서 이방인이 그대로 기독교인이 될 수 있는 길이 열립니다. (또한 기존 교회와 갈등하는 이유도 됩니다.)

6

그런데 이러한 바울의 기득권 포기 전략이 교회 내부에서 일어난 일이었다면, 바울의 생애가 그렇게 고난의 연속이지는 않았을 것입니다. 바울은 고린도후서에서 자신의 고난을 이렇게 묘사합니다.

> 유대 사람들에게서 마흔에서 하나를 뺀 매를 맞은 것이 다섯 번이요, 채찍으로 맞은 것이 세 번이요, 돌로 맞은 것이 한 번이요, 파선을 당한 것이 세 번이요, 밤낮 꼬박 하루를 망망한 바다를 떠다녔습니다. 자주 여행하는 동안에는, 강물의 위험과 강도의 위험과 동족의 위험과 이방 사람의 위험과 도시의 위험과 광야의 위험과 바다의 위험과 거짓 형제의 위험을 당하였습니다. 수고와 고역에 시달리고, 여러 번 밤을 지새우고, 주리고, 목마르고, 여러 번 굶고, 추위에 떨고, 헐벗었습니다.
>
> _____고린도후서 11 : 24~27

바울은 배타적인 동족인 유대인에게도 그 급진성으로 인해 많은 고난을 받았지만, 고난은 유대인에게서만 온 것은 아니었습니다. 바울이 당한 고난의 핵심은 바로 로마제국의 권위와 권력에 맞섰기 때문입니다. 즉 바울은 반(反)제국주의자였습니다.

유대 사람은 기적을 요구하고, 그리스 사람은 지혜를 찾으나, 우리는 십자가에 달리신 그리스도를 전합니다. 그리스도가 십자가에 달리셨다는 것은 유대 사람에게는 거리낌이고, 이방 사람에게는 어리석은 일입니다. 그러나 부르심을 받은 사람에게는, 유대 사람에게나 그리스 사람에게나, 이 그리스도는 하느님의 능력이요, 하느님의 지혜입니다.

_____ 고린도전서 1 : 22~24

십자가에 달린 사형수를 그리스도라 칭하는 것은 그 자체가 반제국주의적입니다. 당시에 '그리스도'라는 칭호는 로마 황제에게만 붙일 수 있는 것이었습니다. 그리스도라면 당연히 세상을 지배하는 자가 되어야할 텐데, 바울은 어리석게도 거리낌 없이 십자가 사형수 예수를 그리스도라 칭합니다. 그리고 그러한 신념을 유대인에게만 전하는 것이 아니라 그리스 사람(유대인 외에 모든 사람을 대표하는 명칭)에게까지 전합니다. 이는 예수를 십자가에 매단 로마 제국의 폭력성을 폭로하고, 제국에 맞선 예수의 정당성을 선포하는 것입니다. 그리고 예수의 부활은 그 정당성을 승인하는 하느님의 능력과 지혜라고 고백합니다.

27 마커스 보그와 존 크로산이 공저한 『첫번째 바울의 복음』에는 바울 서신 13개 중에서 진정한 바울의 편지로 로마서, 고린도전서, 고린도후서, 데살로니가전서, 갈라디아서, 빌립보서, 빌레몬서 등 일곱 개를 꼽습니다. 그 외에 서신은 바울이 쓴 것이 의심되거나 아예 쓰지 않은 것이라고 이야기합니다.

7

바울의 급진성은 여기에 그치지 않습니다. 그는 로마제국의 근간인 노예제도를 부정하고, 하느님 앞에 평등한 형제애를 강조합니다. 바울이 쓴 것이 확실한[27] 빌레몬서는 바로 노예해방에 대한 바울의 입장을 잘 드러내고 있습니다. 감옥에 갇혀 있던 바울은 노예인 오네시모를 이전 주인인 빌레몬에게 돌려보내면서 이렇게 말합니다.

> 이제부터는 그는 종으로서가 아니라, 종 이상으로 곧 사랑 받는 형제로 그대의 곁에 있을 것입니다. 특히 그가 나에게 그러하다면, 그대에게는 육신으로나 주님 안에서나 더욱 그러하지 않겠습니까? 그러므로 그대가 나를 동지로 생각하면, 나를 맞이하듯이 그를 맞아 주십시오.
>
> ____빌레몬서 1 : 16~17

바울은 여성들도 평등하게 대우합니다. 바울의 서신에는 남성 사도뿐만 아니라 여성 사도의 이름도 종종 등장하지요. 로마서 16장에 등장하는 뵈뵈나 브리스가, 유니아 등은 남성과 동등한 입장에서 활동하고 있음을 알 수 있습니다. 급진적 바울에게는 이제 인종이나 신분이나 성별 등이 차별의 근거가 될 수 없기 때문입니다. 바울은 이렇게 선포합니다.

여러분은 모두 그 믿음으로 말미암아 그리스도 예수 안에서 하느님의 자녀들입니다. 여러분은 모두 세례를 받아 그리스도와 하나가 되고, 그리스도를 옷으로 입은 사람들이기 때문입니다. 유대 사람도 그리스 사람도 없으며, 종도 자유인도 없으며, 남자와 여자가 없습니다. 여러분 모두가 그리스도 예수 안에서 하나이기 때문입니다.

_____갈라디아서 3 : 26~28

그러한 바울이었기에 그는 교회 안에서 일어나는 차별에 대해서 불같은 분노를 표출했습니다. 그가 고린도 교회의 교인들에게 쓴 편지에는 이런 구절이 나옵니다.

여러분이 분열되어 있으니, 여러분이 한 자리에 모여서 먹어도, 그것은 주님의 만찬을 먹는 것이 아닙니다. 먹을 때에, 사람마다 제가끔 자기 저녁을 먼저 먹으므로, 어떤 사람은 배가 고프고, 어떤 사람은 술에 취합니다. 여러분에게 먹고 마실 집이 없습니까? 그렇지 않으면, 여러분이 하느님의 교회를 멸시하고, 가난한 사람들을 부끄럽게 하려는 것입니까? 내가 여러분에게 무슨 말을 해야 하겠습니까? 여러분을 칭찬해야 하겠습니까? 이 점에서는 칭찬할 수 없습니다.

_____고린도전서 11 : 20~22

고린도는 아주 큰 항구 도시로 상업이 발달하여 사치와 방탕이 넘치는 도시였지요. 당시에는 교회가 별도의 건물을 갖고 있는 것이 아니었기에 교인 중 부유층의 공간을 빌어 예식을 치렀습니다. 그런데 부유층의 건축물은 부유층이 식사하는 공간인 트리클리니

움(triclinium)과 평범한 손님들이 식사하는 공간인 아트리움(atrium)으로 구분되어집니다. 그리고 각기 다른 공간에 제공되는 음식들도 현격한 차이가 나기 마련이었지요. 우리 고전 춘향전에서 변학도의 잔칫날에 변학도가 앉은 자리가 트리클리니움이라면 이 도령이 처음 앉은 자리가 아트리움인 셈이지요. 당시 고린도의 교인들은 그냥 아무 생각 없이 관습대로 신분상의 차이에 따라 식사를 제공하고 나눴는데, 그 소식이 바울의 귀에 들어와 위의 편지를 쓰는 사단이 난 것입니다. 바울은 예수의 평등한 성 만찬을 예로 들어 불평등한 식사 예법에 따끔한 충고를 합니다. 그리고 심지어 후반부에는 다음과 같이 써놓았습니다.

> 그러므로 나의 형제자매 여러분, 여러분이 먹으려고 모일 때에는 서로 기다리십시오. 배가 고픈 사람은 집에서 먹어야 할 것입니다. 그것은, 여러분이 모이는 일로 심판받는 일이 없도록 하려는 것입니다.
>
> ____고린도전서 11 : 33~34

식사 차별 정도로 신의 심판 운운하는 것이 지나치다 생각할지 모르지만, 바울에게는 평등한 식탁이야말로 교회 공동체의 핵심적 실천 사안이었습니다. 예수 정신이 오롯이 바울에게 계승되고 있음을 알 수 있습니다.

8

이제 정리할 시간입니다. 바울은 예수와 동시대인이었으나(예수가 10살 가량 위), 예수 살아생전에는 예수를 본 적이 없습니다. 바울은 정통 바리새인으로 예수를 따르는 무리들은 탄압하기까지 했습니다. 그러다가 빛 속에서 예수의 목소리를 듣는 신비 체험 후에 자신의 모든 기득권을 버리고, 예수를 그리스도로 믿는 삶을 살게 됩니다. 예수를 그리스도로 선포하는 삶은 당시에는 고난을 자초하는 삶이었으나, 바울은 회심 이후 한번도 자신의 삶을 후회하지 않았습니다. 바울의 서신에는 복음서와는 달리 예수의 삶의 모습이 전혀 나타나지 않으나, 예수의 정신이 오롯이 계승되고 있습니다. 특히 자신을 낮추고 아무것도 아닌 자들을 위해서 죽기까지 그들을 사랑하는 예수의 모습은 바로 바울의 모습이기도 합니다. 바울은 예수 이후 예수를 따르던 무리들의 불철저함과도 철저하게 대결하면서 예수 정신을 지켜갑니다.

게다가 유대교의 분파였던 기독교를 보편적이면서 독립된 종교로 확장시킨 것은 바울의 몫이 큽니다. 바울이 강조한 십자가에 대한 믿음은 살아생전에 영광을 누리기 위한 방편이 아니라 자신도 예수를 따라 십자가를 지는 고난에 동참하겠다는 의지에 다름 아닙니다. 쓰레기나 찌꺼기 같은 대접받음을 자초하면서도 고난의 삶을 계속했던 것은 예수의 고난을 통해 하느님의 고난을 목격한 것이고, 그 고난의 하느님이야말로 제국주의 시대의 폭력성을 폭로하고, 폭력이 아닌 사랑의 제국을 건설하고자 했던 바울의 하느님이었습니다.

차별적이고 폐쇄적인 유대적 율법의 자리에 무차별적이고 평등한 하느님의 사랑을 놓음으로써 새로운 구원의 가능성을 타진한 것이지요. 그리하여 예수의 종교가 평등하고 사랑이 넘치는 종교임을 선언합니다. 그 아름다운 선언의 한 대목을 보실까요.

내가 사람의 모든 말과 천사의 말을 할 수 있을지라도, 내게 사랑이 없으면, 울리는 징이나 요란한 꽹과리가 될 뿐입니다.

내가 예언하는 능력을 가지고 있을지라도, 또 모든 비밀과 모든 지식을 가지고 있을지라도, 또 산을 옮길 만한 모든 믿음을 가지고 있을지라도, 사랑이 없으면, 아무것도 아닙니다.

내가 내 모든 소유를 나누어줄지라도, 내가 자랑삼아 내 몸을 넘겨줄지라도, 사랑이 없으면, 내게는 아무런 이로움이 없습니다.

(……)

사랑은 없어지지 않습니다. 그러나 예언도 사라지고, 방언도 그치고, 지식도 사라집니다.

(……)

그러므로 믿음, 소망, 사랑, 이 세 가지는 항상 있을 것인데, 그 가운데서 으뜸은 사랑입니다.

_____고린도전서 13 : 1~3, 8, 13

현대철학자들이 바울에게서 급진성을 발굴하고, 이를 재해석하여 세상에 내놓는 이유는 우리 시대가 신자유주의와 제국주의의 성격이 강화되고 있기 때문이 아닐까요? 이제 인류가 안고 있는 문제는 일국적이거나 국지적 문제가 아니라 세계적이고 보편적인 것들이 많습니다. 우리는 또다른 제국의 지배하에 살고 있는 것이 분명합니다. 예수가 아니라 바울을 호출하는 이유도 우리 사회의 제국적 성격 때문일 겁니다.

바울은 예수를 계승하면서도 자신이 처해 있었던 제국적 상황을 누구보다 강렬하게 자각하고 있었던 사람이었습니다. 바울은 기존의 유대교에도, 예루살렘 중심의 기독교에도, 무력을 통해 세상을 지배하고 있었던 로마제국에도 안착할 수 없었던 '종교적 난민'이었습니다. 종교적 난민이었기에, 온갖 모진 고난을 당하며, 몸으로 구축한 신앙고백이 바로 그의 저술일 겁니다.

바울이 쓴 저술들이 감옥에서 쓰여졌다는 것도 기억할 만한 일입니다. 그는 '종교적 난민'이었을 뿐 아니라 '탄압받는 정치범'이었음이 확인되는 지점입니다. 성서에는 나와 있지 않지만, 바울은 로마로 재판받으러 이송되어 끝내 로마에서 목이 잘려 죽었다고 전해집니다. 바울은 그의 서신 곳곳에서 자신의 죽음을 당연한 것으로 기록하고 있습니다. 사형수 바울! 그리하여 그는 예수의 진정한 계승자가 된 것 아닐까요?

윤동주의 「십자가」가 떠오르는 시간입니다. 언젠가 우리에게 우리의 십자가가 허락된다면 우리는 어떻게 그 십자가를 맞이할까요. 두렵고 떨리는 마음으로 시를 옮깁니다.

쫓아오던 햇빛인데
지금 교회당 꼭대기
십자가에 걸리었습니다.

첨탑(尖塔)이 저렇게도 높은데
어떻게 올라갈 수 있을까요.

종소리도 들려오지 않는데
휘파람이나 불며 서성거리다가,

괴로웠던 사나이,
행복한 예수 그리스도에게
처럼
십자가가 허락된다면

모가지를 드리우고
꽃처럼 피어나는 피를
어두워 가는 하늘 밑에
조용히 흘리겠습니다.